U0033698

Memoirs of Navy
during Suppression of
the Communist Rebellion

三

海南保衛戰

Section III: Hainan Defense

目錄

編輯說明

「一年準備，二年反攻，三年掃蕩，五年成功。」

國共戰爭期間，國軍為什麼在 1949 年遭逢空前未有的挫敗，是許多人日以繼夜嘗試解答的問題，包括國軍高層自己。隨著中華民國政府遷設臺灣，國軍高層生聚教訓，等待反攻大陸的時機，眾人亦不免回眸過去的慘痛經歷。

我們從《蔣中正日記》當中，便可看到 1950 年代反攻計畫的擬訂與推動，除了在軍備上須做充足準備，亦須反省戡亂作戰期間的諸般作為。

因此，在 1957 年，政府當局曾組織較大規模的檢討工作，由全軍上下針對戡亂時期的作戰經過，撰寫個人心得報告，內容包括當時戰役的準備情形、發生經過、國軍與共軍的優缺點等，作為反攻計畫的參考。

這些心得報告，自高階將領至基層士官兵皆有，因為每個人所處的位置，所能觀察到的面向，與戰後的檢討，各有不同的價值。

本套書《海軍戡亂回憶錄》，以戰役或事件分類，呈現抗戰勝利後，赴美接收八艦於 1946 年歸國加入作戰以來，至 1954 年大陳列島特種任務艦隊的海戰，九年之間海軍軍官的戡亂作戰回憶。

惟 1957 年距離作戰已過多年，人物、時間、地點、戰鬥過程等回憶難免有誤，同一場戰役的觀察結果也可能與他人不同，建議讀者仍可參酌其他史料、回憶錄，以取得對戰役的全盤瞭解。

（一）廣州撤守

● **王鴻聲**
作戰時級職：海軍陸戰隊第二師第四團第一營中校營長
撰寫時級職：海軍陸戰隊士官學校上校教育長

作戰地區：廣州黃埔

作戰起迄日期：38 年 10 月 1 日至 14 日

戡亂作戰廣州轉進之役

　　八年抗戰之後，國家元氣未復，共匪趁機逞兵作亂，致大陸河山變色，國軍退守台灣，億萬善良同胞關入鐵幕，檢討既往，策勵來茲，錦繡山河是在我們手裡失掉，也必須要在我們手裡收復重整。

（一）作戰前之狀況

　　時為民國三十八年十月中旬，本人任陸戰隊二師四團一營中校營長，奉令掩護海軍駐廣州、黃埔、汕頭、北海等地區人員物資安全轉進之任務，整個大陸除西南與東南一隅國軍控制外，餘均陷匪，情勢險惡，人心士氣一蹶不振。

（二）作戰經過

　　三十八年月初，匪軍攻陷韶關後，配合閩省南下之敵對廣州形成鉗形攻勢，廣州情勢遂之緊張，陸軍部隊戰力消失，大局逆轉，似無法挽回，海軍奉令作轉進之準備，至十月十四日，全軍撤退完畢，人員物資無損失，並掩護陸軍部隊渡過珠江，斃匪二百餘名，圓滿達成任務。

（三）作戰後之狀況

　　十月十四日後，海軍全部人員、物資、艦艇按計劃向台灣轉進，陸軍部隊則向粵南、桂東及海南島轉進，繼續與匪作戰，整個大陸至此全部赤化，剩下來的是海南島及台灣及其外島之保衛戰。

（四）檢討

一、匪軍慣用滲透作戰無孔不入

　　廣州市為民三十八年十月十四日棄守，但早於一週前廣州市郊，即為大批之匪諜匪探以及武裝便衣所侵入，時而散佈謠言，發動宣傳及心戰攻勢，時而殺人放火，並破壞交通與重要設施，致整個社會秩序紊亂，人心慌慌造成恐怖，所謂「風聲鶴唳，草木皆兵」。兼以我軍政當局缺乏有效對策，故人心士氣一蹶不振，在未與敵人接戰前，精神武裝先被解體，兵法所云：「攻心為上，攻城次之」的原則反為匪軍所運用，匪軍滲透作戰無孔不入，過去如此，現在如此，將來亦復如此。

二、總統訓示：「用兵不如用民」

　　本人率隊分駐廣州、黃埔、汕頭、北海、海口等處，營部及主力駐黃埔島上，余平時領導官兵一本軍民合作之精神，與地方人民打成一片，相處感情融洽，合作無間。對組訓民眾與協助民眾插秧收割，勞動服務，清掃環境及召開軍民座談會、聯歡會等工作，均極注重，此項工作效果之大，平時尚無法測度，至華南局勢緊張，國軍準備在廣州轉運前後，此工作之重要性始益為顯著。廣州、黃埔之轉進，若非平時奠定軍民合作之良好基礎，不但不能有效運用民力，則必為

人民所困擾，事實證明，廣州、黃埔之轉進，由於軍民之合作，保甲組織之嚴密，匪軍匪諜始終未能滲透，黃埔島得以安全無忌，堅守至最後一分鐘，不但海軍人員、物資得以安全轉進，並使數千陸軍部隊，亦能渡過珠江向粵南轉進。總統訓示：「用兵不如用民」的道理則至為正確與重要也。

三、革命軍人忠貞第一

廣州轉進前數日，已故參謀總長桂永清上將（時為海軍總司令）蒞廣州視察，桂將軍見大局逆轉已無法挽回，遂對本軍幹部面授機宜，並特對本人叮嚀者再。余當即以堅決而有信心的語氣報告桂將軍說：「請總司令放心，養兵千日，用兵一時，所謂『國難出忠臣，家貧出孝子』，正是革命軍人報效領袖與國家的時候了，敢向總司令保證海軍人員、物資之安全，余負全責，並可圓滿達成任務」等語，結果我是實現了諾言，海軍人員、物資全部安全轉進成功。不幸的是撤退前有海軍第四總站長張義忠上校，意志動搖，企圖附匪，被發覺後已予正法，又臨轉進時有砲艇隊隊長柳炳鎔中校投匪，實為憾事！革命軍人，忠貞氣節，最為重要，到必要的時候才能看得出來。

四、計畫週詳，萬無一失

黃埔島平時築有防禦工事，並備有防衛計劃，部隊曾先後作應變演習多次，故黃埔島之轉進戰役有備無患。迄十月十四日晨，我全軍撤離黃埔島為止，竄入黃埔島週圍之匪軍，雖時與我隔江對峙，不斷發生局部戰鬥，但匪軍始終未能越雷池一步，此非偶然！（另一因素為得力於民眾之協助，詳情已如前述，毋庸贅言）。

已故陸戰隊司令周雨寰少將，臨時奉派赴廣州督導轉進戰

役，十月十三日午後三時，周少將即離岸登艦而去，但對本人並未作任何指示。至當日午後六時左右，余靈機一動，曾下一手諭，作了以下的重要措施：「各連應即控制足夠使用的運輸工具（小民船）以備急用，撤退時各連同時異地上船，分別逐次掩護，撤退前一分鐘不得疏忽警戒，撤退時間另候通知」。這一簡單的撤退措施，是本次戰役成敗的重要關鍵。蓋本人如腦筋遲鈍，不能當機立斷，日落西山後，民船紛紛遠離他駛，一旦時機急迫，無法登艦，不但望江興嘆，更不知徒增多少損失與傷亡（軍艦十餘艘，拋錨珠江中心，如無小船轉運無法上船）。十四日晨三時左右，本軍駐黃埔島各單位人員、物資上船完畢，對岸匪軍再度發起進攻，余認使命完成，時機成熟，為免遭受無謂犧牲，遂下令登艦，開始向虎門方向衝出，廣州轉進戰役至此告一段落。

　　虎門設有要塞，成為珠江之鎖鑰，設虎門先期為匪軍佔領，此次轉進能否成功，大有問題，本人有鑑於此，曾商請地方武力派人先行控制該要塞，得使本軍艦艇安全通過，未生意外，所謂「預則立，不預則廢」，計劃週詳，方可萬無一失也。

● 張殿九
作戰時級職：海軍第四巡防艇隊高明砲艇上尉艇長
撰寫時級職：海軍供應司令部運輸站中校站長

作戰地區：廣東中山灣仔海面（澳門對面）

作戰起迄日期：38 年 10 月 15 日至 11 月 8 日

剿匪戡亂戰歷心得報告

一、戰歷經過概況

民卅八年十月十五日，正當廣州撤守，黃埔轉進，情勢危急之際，余奉令接長海軍第四巡防艇隊之「高明」（吉利）砲艇職務。這是一艘木殼快速砲艇，武器配備計有二五米機關砲三門、十三米機槍兩挺、九二機槍兩挺，對匪掃雷、追擊均感好用。余奉令接長該艇時，上峰曾多思考，認定余為適當，余以不負上峰選任計，尚能奉公守職，勵精圖治，由是秣馬厲兵，枕戈待旦，為革命以赴。

余自接長「高明」砲艇後，時局日益緊張，俟移時整頓，旋即駛赴上川島巡弋待命，迄十月卅日奉令駛至澳門附近之馬騮洲待命。迨至十一月七日晨七時卅分，共匪突然佔領該處對面之灣仔山（廣東省中山縣轄區），並同時用輕、重機關槍向未退守之友軍保三師及本艇猛烈射擊。這是一局遭遇戰爭，以我昔日抗戰與剿匪時期作戰的經驗，每逢遭遇戰來臨，決不可慌亂失措，否則被敵擊潰，尤其領導艦艇作戰的指揮人員，更應身先士卒，剛膽沉著。余有見及此，乃立即令飭全艇官兵沉著應戰，以資支援友軍，確保戰力，並同時發動本艇主機起錨，尋覓作戰船位。好在官兵用命，意志力量均能集中，不時匪方火力寂靜，斃匪之

多，友軍方始退離。旋匪惱羞成怒，復用迫擊砲轟襲本艇，斯時孤軍相處，主錨尚未離地，而本艇上士溫光華被匪彈穿右脅，四等公役張良申亦被彈穿左臂，處此生死關頭，雖有兩員負傷，然皆扶創死命抵抗，其當時的情況，確有盡到革命軍人對匪作戰應有的態度。奈處境險惡，敵眾我寡，強弱懸殊，以指揮官的立場，勢必賴用機智，圖減損傷，於是下令本艇全速前進，賴速力崩斷錨鍊，率領高要、光強、巡34、巡69各艇開始突圍衝鋒，其時第四巡防艇隊隊長柳炳熔已附逆，而澳門情勢緊急異常，幸突圍成功，旋與永嘉艦陳艦長慶堃取得聯絡，遂將艇駛至伶仃山待命。

　　十一月八日接獲川灶巡防處長鄧萃功香港來電，飭率突圍各艇刻達香港大嶼山之大澳集結待命，並將是役重傷兩員送至英屬九龍醫院治療。檢討是役，孤軍奮戰，官兵用命，自感略盡殺匪報國之夙願，所遺憾者，領導所部當時未誅滅共匪，實有所不甘，來日可期也。復檢討此次遭遇戰之開始，至突圍後之歸隊，期間副長胡盛華中尉勷助甚力，致能以寡敵眾，絕處逢生，使第四巡防艇隊駐澳各艇順利突圍，保全戰力，雖付出相當代價，此亦革命軍人應有之表現也。

二、戰歷回憶

　　灣仔（澳門對面）突圍之役，在我戡亂剿匪戰鬥史上可能早有記載，不過斯時應是政府遷台未久，及以總統尚未復職之際，是否上峰對是役經過情況未有記述，不甚清楚，其後海南、萬山、南日、東山，以及一江山諸役，當然都有詳細的戰歷可稽，以作我反攻大陸與匪戰鬥之參考資料。其實，灣仔之役，雖屬突然戰鬥，誠有參考之價值，於反攻大陸，短兵相接，輕武器之運

用各場合，在所不免，其重要性當不可疏略此一問題，余身歷其境，其要訣何在？就是「沉著應戰」，發揮個體力量，然後才能化險為夷，轉危為安，否則必將潰不成軍，然而無謂犧牲莫論，艇隻之損失誠難設想。

余率艇五艘，冒生死順利突圍，然對個人忠勇事蹟，上峰始終未曾提及，原因於突圍任務完畢來台後，業已時過境遷，加以那時一切尚未步入正軌，雖曾向前第四軍區司令王天池少將陳報一切，終以影而無息。余恆想，深受國恩，卅年如一日，不必爭功避過，只要對得起國家，對得起自己，於職無愧足矣。憶及個人自民十七年投效海軍迄今，幾及卅載，在抗戰戡亂時期，均未嘗寸離。於抗戰時期，曾先後參加南京、黃鄂、宜昌諸役，勝利後首先冒險試航長江，大陸淪陷廣州失守之後與所部被困於穗城海珠橋內，煙硝彈雨能以從容撤出，實賴抗勘屢次戰歷心得。在澳門海面待命其間，第四巡防艇隊隊長柳逆炳熔附匪，其後川灶巡防處處長鄧萃功棄職潛逃、處此情形，余在內心方面，有一種感覺，就是說，渠輩如此失職變節，上對不起國家，下對不起民族，更對不起現在領導我們反共抗俄戰爭的偉大領袖蔣公。本人身受國恩，意志堅決，保持以往戰歷之榮譽，毅然率領各艇喋血奮戰，突圍歸隊，雖當時未能誅滅頑賊，亦足表赤忱矣。

（二）瓊島戰役

● **康肇祥**
作戰時級職：海南秀英巡防處上校處長
撰寫時級職：海軍總司令部海政處上校處長

作戰地區：海南海峽
作戰起迄日期：39 年 2 月至 5 月

戡亂海南戰役詳歷心得報告
（一）概述

憶民國三十九年元月海南局勢日見緊張，余奉命調長秀英巡防處，前任為李崇智上校。該處任務除指揮所屬砲艇六艘巡弋作戰外，並督導轄區海軍補給、醫療、情報、通信、警衛等單位，支援艦艇及協調友軍，共轄海軍官兵五、六百人。海軍第三艦隊司令王恩華少將，率艦四、五艘，支援海南作戰，亦以秀英為基地。

（二）作戰前之狀況
　　1. 匪方

匪並無正式海軍艦艇，僅利用帆船及武裝小機船二、三百隻為渡海工具，武裝小機船又編為火力船、掩護船、通信船、運輸船等編組，各船多裝有沙包、鋼板等以為掩護，又利用以竹製成之三角竹架，每邊長四、五尺，以備人員墜海救生之用。渡海部隊皆為陸軍，雷州半島匪兵力不詳，惟海南島內地各山區，有土共馮白駒武裝部隊約三、四千人。

2. 我方

海南防衛司令官為薛岳將軍，轄部隊名義有四、五個軍，惟人數不全，裝備欠佳，訓練亦差，島上運輸僅靠汽車，人民政治觀念淡薄，亦乏組織，易為共匪利用。薛岳將軍勵精圖治，凡事躬親，設能假以長時間之整頓，海南局勢仍有挽救之可能。

（三）我軍作戰指導

該處經常派砲艇巡弋海南島東北海岸及西北岸，以主力配置於秀英，海軍第三艦隊亦以主力集中於秀英，以防匪船自海南海峽渡海來攻，遇匪船則擊沉，不使匪共登陸。

（四）作戰經過

與匪在海上第一次接觸，約為三十九年三月初旬，匪帆船一隻，匪兵數名無武裝，在海峽訓練駛風，被我砲艇遭遇，先擊斷其桅杆，次死傷匪兵數名而捕獲其船。嗣後匪常利用夜間，以帆船二、三十隻，於木蘭頭、鋪前灣、澄邁灣等處偷襲登陸，每次與我巡邏砲艇遭遇，則傷沉匪船一部，惟匪船大部匪則得登陸，竄到各山區，與馮白駒部會合，此種情況與匪船遭遇約五、六次。約於三月末旬夜間，匪用帆船約四、五十隻，滿載匪兵直捕秀英，欲一舉而佔領秀英巡防處，惟被我艦艇猛烈砲火攻擊而擊退，翌晨並於海口灣捕獲匪船二、三隻，俘匪兵百數十人，最後約於四月中旬，匪集結大批帆船及武裝帆船約二百餘隻，利用夜間，自雷州半島安海、潛尾角、流沙角等處出發，雖被我艦艇發現，予以猛烈攻擊，傷沉匪一部船艇，而大部匪兵約四、五千人，得自臨高角、後水灣、馬裊港等處登岸，尚有後續部隊繼續

渡海，同時馮白駒部隊亦自各山區向海岸移動。我海岸守軍感前後受匪夾擊，乃奉命放棄海南，我各地部隊分自榆林港、海口灣搭海軍運輸艦及商船轉進台灣。

（五）戰鬥後狀況

海南海上各戰役，我船艦多受輕傷，官兵傷亡約十數人，我海軍俘獲匪兵四、五百人，擊沉匪船二、三十隻，傷三、四十隻，海南島距雷州半島僅十八海里，帆船渡海甚易，並該北岸可登陸之處甚多，除非有多數艦艇控制海南海峽，否則實不易防守。自轉進後，海南雖陷於匪手，而我三軍集中台灣，整軍經武，生聚教訓，反攻大陸，隨時有機可乘也。

（六）檢討

1. 匪軍軍事作戰方面

海南海峽寬僅十八海里，兼海島有馮白駒匪部潛伏各山區，匪戰略為利用夜間乘帆船多次自各灘頭偷襲登陸，增強島上土匪力量，然後大舉強行登陸，前後夾擊國軍。

2. 匪軍政治作戰方面

匪軍組織嚴密，部隊每班必有匪黨員數人，連隊政工指導員或幹事，如非傷亡，則部隊不敢投降，匪軍多存輕視國軍心理，匪兵曾說非匪軍攻擊力強，實國軍退的太快，致匪兵追趕不及。

3. 我軍優點缺點

海軍士氣旺盛，惟射擊技術欠精確，裝備儀器新穎，惟操縱欠熟練，海陸空軍各自為戰，因通信不靈協調困難。

4. 經驗教訓

我以少數艦艇與匪多數帆船船團作戰，有如貓捕群鼠，一、二鼠被捕，則多數群鼠逃竄登岸，況海峽距離甚近，帆船甚易發揮其性能。本島淡水距平潭島僅七十餘浬，為海南海峽之四倍，數年前設匪利用數以千計的帆船、機帆船，配合匪海軍全力，渡海來侵，亦值得國軍之慮顧。然現台灣海峽執海權屬我海軍，又有盟國美國強大海空軍協防，及年來國軍整備訓練，戰力增強，非但防守台灣無虞，且已隨時待機打回大陸，解救同胞於水中。

5. 改造意見或建議

台灣四面環海，大陸海岸線七千餘浬，無論防守或反攻，海軍皆為主要軍種，建議擴充海軍員額，加強教育訓練，多爭取美援艦艇，充實造船廠所，增強修造能量，整備商船，增添運輸船隻，以利渡海反攻。

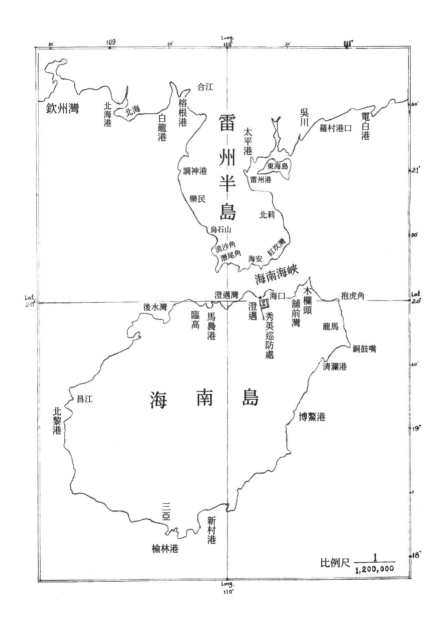

● 王恩華
作戰時級職：海軍第三艦隊代將司令
撰寫時級職：海軍艦隊指揮部中將指揮官

作戰地區：瓊州海峽
作戰起迄日期：39 年 2 月 4 日至 4 月 22 日

一、概述

　　溯自戡亂軍事於廣州轉進後，台灣與海南勢成犄角，我欲確保兩島以作反攻基地，匪則集結兵力於雷州半島，圖先掠據海南島以孤立台灣。我為確保海南，屏衛台灣起先，乃於三十八年十一月十六日成立海軍海防第三艦隊（戰鬥序列如附表一），恩華奉命為艦隊司令，率部巡防粵海，惟艦隊倉促成軍，兵力調度困難，仍毅然負起瓊州海峽之防務。三十九年二月至四月中旬，匪軍先後發動渡海攻擊十二次，恩華率部先後與戰，總計斃匪九千餘，俘匪三百四十名，擊毀匪船四百四十艘。茲綜述本役經過如後。

二、作戰之狀況

　　三十八年十二月匪掠據廣東全部，並以匪林彪部主力四○軍、四十三軍，十萬之眾竄據雷州半島，極積徵集漁船、竹筏、木材等圖作渡海工具，以進犯海南島。

　　海南島土共馮白駒匪部二萬餘人，據有中部山地，時出騷擾，以圖相機策應匪軍渡海作戰。

　　國軍自雷州半島方面撤出之陸軍兵力，轉進海南後，與原駐防守部隊共十四萬人，擔任該島之防衛，海空軍兵力協力策應守

軍之防衛戰鬥。

三、我軍作戰指導

（一）艦隊以協力海南島守軍之防衛作戰，確保海南島為目的。

（二）艦隊使用秀英港為主基地，馬裊港為左翼基地，舖前港為右翼基地，潿洲島為前進基地。

（三）艦隊以主力控制於秀英港，機動待命，以部分兵力分別實施瓊州海峽之搜索警戒，並執行關閉。

（四）艦隊依狀況不時向雷州半島主匪港灣，實施突擊，以摧毀匪船團之集結。

四、作戰經過

匪發動十二次攻瓊戰鬥，經過概況如左：

第一次　二月四日

我參戰部隊：海軍光強砲艇

戰鬥經過概要：在木欄頭海面，發現匪帆船一艘，經我砲擊後，匪帆桅折斷不能航行，匪即投降，計斃匪排長一名，俘匪班長一名、士兵三名、船伕一名，鹵獲步槍一枝，我無傷亡。

第二次　二月十四日

匪軍渡海兵力番號：第 40 軍 118 師 353 團第三營

我參戰部隊：陸軍一五三師四五九團第一營及四五八團第二營
　　　　　　海軍未參加戰鬥

戰鬥經過概要：在青山俘匪四十人，木船一隻，在天尾港俘匪
　　　　　　　　七名，木船一隻。

第三次　二月十六日

我參戰部隊：陸軍教導師第三團第三連
　　　　　　海軍未參加戰鬥

戰鬥經過概要：在塔市附近海面擊沉匪帆船一艘，俘匪二人。

第四次　三月六日

匪軍渡海兵力番號：第 40 軍 118 師 352 團第二營

我參戰部隊：陸軍駐新英港及白馬井駐軍
　　　　　　海軍中訓艦

戰鬥經過概要：匪在白馬井及新英港，偷襲登陸，經我陸軍即予
　　　　　　　　圍剿，三月七日我中訓艦駛抵新英港海面協助我
　　　　　　　　陸軍作戰，結果匪軍大部被殲，一部竄入山中，
　　　　　　　　計中訓艦擊沉匪機帆船及帆船共六艘，斃船上匪
　　　　　　　　百餘，另斃登陸匪二百餘。

第五次　三月十一日

匪軍渡海兵力番號：第 43 軍 128 師 383 團第一、第二營

我參戰部隊：陸軍卅二軍第二六六師■……
　　　　　　海軍■……前往協剿

戰鬥經過概要：匪在景新角、田頭坡、鹿馬嶺偷襲登陸，經我陸
　　　　　　　　軍圍剿■……。

第六次　三月二十五日

匪軍渡海兵力番號：第 43 軍 127 師 380 團第二營

我參戰部隊：海軍永寧艦

　　　　　　支援空軍

戰鬥經過概要：匪帆船三艘企圖在舖前灣大林港登陸，我永寧
　　　　　　　艦即往截擊，發生戰鬥，擊沉匪船一艘，俘匪
　　　　　　　五十四名，餘二艘向北逃竄，經我空軍追擊掃
　　　　　　　射，受創甚劇。

第七次　三月二十七日

匪軍渡海兵力番號：第 40 軍 118 師 352、353、354 團各一個營
　　　　　　　　　之重兵器部隊

我參戰部隊：海軍潮安艦及驅潛一號、砲二六號二艇

戰鬥經過概要：匪帆船四艘企圖在玉抱港登陸，另十餘艘企圖在
　　　　　　　大雅登陸，我潮安艦及驅潛一號、砲二六號二艇
　　　　　　　即往截擊，計擊沉匪船二艘，餘負傷逃竄，俘匪
　　　　　　　五十人。

第八次　四月一日

匪軍渡海兵力番號：第 43 軍 127 師 379、381 團各一個營

我參戰部隊：陸軍教導師

　　　　　　海軍潮安、中訓、美宏各艦

　　　　　　支援空軍

戰鬥經過概要：零時二十分我艦雷達發現海口北方有匪船卅餘艘
　　　　　　　進襲，經我潮安、中訓、美宏等艦截擊，激戰竟
　　　　　　　夜，擊沉匪船二十六艘，一部匪船鑽隙竄入白沙

門登陸，經我陸空軍圍剿，迄三日匪全部被殲，是役俘匪六十五名，我士兵四員負傷。斯時另批匪船四十餘艘，乘海口灣激戰之時，在舖前灣登陸，經我陸空軍圍剿，一部被殲滅，一部竄入山中，我中訓艦於拂曉前趕往截擊匪船支援陸軍戰鬥，計將已泊岸之匪船二十餘艘擊毀。

第九次　四月三日

匪軍渡海兵力番號：匪百餘，番號不明

我參戰部隊：陸軍教導師
　　　　　　海軍未參加戰鬥

戰鬥經過概要：匪船四艘向外墩海、大王海進犯，被我陸軍全部圍殲。

第十次　四月八日

匪軍渡海兵力番號：第 40 軍 120 師 358 團全部

我參戰部隊：海軍永康、中訓兩艦及砲 26 號艇

戰鬥經過概要：匪帆船約卅餘艘，內有武裝機帆船一艘，企圖在臨高角登陸，經我永康、中訓兩艦及砲 26 號艇截擊，計擊沉匪船十一艘，重創武裝機帆船，俘匪四十六名，我士兵一名負輕傷。

第十一次　四月十日

匪軍渡海兵力番號：第 40 軍 120 師 358 團一部

我參戰部隊：海軍永寧艦及砲 26 號艇

戰鬥經過概要：匪帆船三艘，企圖在臨高角附近偷襲登陸，遭我
　　　　　　　　艦艇截擊，擊沉匪船一艘，俘匪二十九名，餘匪
　　　　　　　　船二艘藉濃霧逃脫。

第十二次　四月十六日

匪軍渡海兵力番號：第 40 軍主力及 43 軍 127 師之一部
　　　　　　　　　　共約一萬五千人
我參戰部隊：陸軍瓊北防守部隊
　　　　　　海軍第三艦隊
　　　　　　空軍
戰鬥經過概要：匪船約三百餘艘，由雷州半島燈樓角向臨高角、
　　　　　　　　玉包港一帶強行登陸，我海陸空軍經六晝夜之激
　　　　　　　　戰，將匪大部消滅，計我太平、永康、永寧、潮
　　　　　　　　安、美宏、美頌等艦，共擊沉匪機帆船及帆船
　　　　　　　　一百餘艘，斃匪六千餘人，艦隊司令王恩華代將
　　　　　　　　於十八日晚率太平、永寧、永康、潮安等艦，巡
　　　　　　　　弋澄邁灣、臨高角一帶，掃蕩海面阻匪歸路，
　　　　　　　　十九日晨率太平艦突擊登樓角匪船團，遭匪岸砲
　　　　　　　　猛烈射擊，旗艦太平艦艦首、艦橋及機艙被洞穿
　　　　　　　　二十餘處，王司令頸喉受傷，該艦陣亡官員一
　　　　　　　　員，負傷士兵十三名。（戰鬥經過如附圖）

　　四月二十二日，我軍奉令以戰略關係撤離海南，艦隊全力掩
護友軍之轉進，時恩華因負傷返台治療，所遺艦隊司令職務暫交
第一艦隊參謀長齊鴻章代理，爾後作戰經過，茲不述及。

五、戰鬥後狀況

（一）共斃匪九千餘人，俘匪三百四十名，鹵獲八二迫擊砲一、
　　　輕機槍一、衝鋒槍二、步槍十二、手槍一、手榴彈一、子
　　　彈兩箱另 1694 發（參閱附表二）。

（二）我軍陣亡官員一人，士兵三人（忠烈調表如附表四），
　　　受傷官員三人，士兵二十九人。

六、檢討

（一）匪機帆船團之編組

（1）編組原則

　　A. 依其使用兵力之大小，而定船隻數量。

　　B. 每船人員裝載，以不分割建制為原則。

　　C. 依其戰鬥序列，以定其航進次序。

　　D. 依航程遠近決定每船之裝載量。

　　E. 依敵海上兵力強弱，而定其必要對策。

（2）編組區分

　　A. 船團本隊（登陸船群）──通常以營級船團為一戰術群。

　　B. 突擊隊（掩護船群）──視船團大小應乎當時狀況，適當
　　　決定其武裝機帆之兵力。

　　C. 領航隊──徵集熟悉作戰海域之漁民船伕編成之。

　　D. 側衛及後衛──應乎狀況需要，適宜決定側衛及後衛兵力。

（3）編組隊形

A. 匪步兵營船團編組

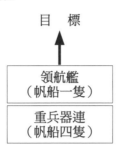

目　標

領航艦
（帆船一隻）

重兵器連
（帆船四隻）

步兵連
（帆船四至七隻）

步兵連
（帆船四至七隻）

側　衛
（武裝機帆二隻）

營指揮所
（機帆一至二隻）

側　衛
（武裝機帆二隻）

步兵連
（帆船四至七隻）
後　衛

救　護
（後勤船二隻）

B. 匪團及師船團編組：以營船團編組為基本編組，依攻擊部
署而決定船團隊型。

2. 匪機帆船團攻擊戰術

（1）發航前

A. 盡各種手段先偵知敵情地形，以作週密之攻擊準備。

B. 為使出敵不意，發航前之船團集結地區，力求遮蔽以祕匿
其行動，並利用岸砲掩護，免敵偵知。

C. 應盡可能實施各種欺騙行動以眩惑敵人。

D. 船團行動務以夜晚或濃霧時行之，以出敵意表。

　　E. 船團發航時刻，基於戰術上之要求，考慮航程、季節、氣象、部隊狀況以決定之，但必須使部隊於拂曉前抵達敵岸，以利發動攻擊事宜。

（2）航進間

　A. 突擊隊

　　（A）突擊隊航行於船團本隊正前方，先實施搜索，其距離應考慮當時狀況適宜決定，但不宜失之過遠或過近，但必須與敵遭遇時務使船團本隊避免戰鬥為要。

　　（B）突擊隊遭遇敵艦艇時，應即以包圍態勢發動攻擊，以牽制敵艦艇行動，並誘使其遠移，俾使其減少船團本隊之損害及不妨礙其航進。

　B. 領航隊

　　（A）領航隊引導船團本隊向敵岸前進，務使此一攻擊行動克服萬難，有進無退，登陸敵岸。

　　（B）當突擊隊與敵接戰時，應引導船團遠離迂迴或廣正面疏開航進，以減少敵火損害。

　C. 船團本隊

　　（A）航進間各船間應保持適當之距離，不拘泥於隊形之保持。

　　（B）當突擊隊與敵艦接戰時，應盡可能避免戰鬥，即行疏開，力求迅速果敢一舉通過敵衛線直迫敵岸。

　D. 側衛及後衛

　　擔任船團本隊之側翼及後方之護衛與警戒。

（3）登陸時

　A. 船團進迫敵岸，實施登陸攻擊時，應以廣正面行之。

　B. 船團抵達敵岸後，護航船隻應即支援登陸戰鬥。

C.登陸後之目標奪取

（A）第一階段掃除敵輕武器火力可危害登陸灘頭之目標。

（B）第二階段掃除敵有觀察砲兵火力可危害登陸灘頭之目標。

（C）第三階段掃除敵所有火力可危害登陸灘頭之目標，建
　　立灘頭陣地。

（D）第四階段向內陸推進與潛匪結合。

（二）匪使用機帆船團作戰之優劣點

1.優點

（1）船隻徵自民間，故潛在力甚強。

（2）機帆船及帆船之製造不受重工業貧乏之限制。

（3）目標小，被彈面小，且以木質聽造，不易沉沒。

（4）利用風力節省燃料。

（5）除急流礁灘外，灘陸岸亦可近泊登陸。

（6）裝載與發航不受港務設備限制，且疏開容易，故受空
　　襲之威脅較小。

（7）按戰鬥距離之遠近可適時發揮不同口徑之砲火火力。

（8）船團搶灘後，部隊及裝備之下卸迅速容易。

（9）船團發航後，部隊即產生「置之死地而後生」的心理
　　效果。

（10）數量多，不易遭受全部殲滅，縱不能全部登陸敵岸，但
　　　亦可達到局部登陸攻擊之目的。

2.劣點

（1）船團面積大，不易護衛，指揮困難，易於暴露。

（2）木質船舶易起火燃燒。

（2）速率不等，機動力小，船團航進間統制不易，航速緩慢。

（4）船隻過於分散登陸時，影響兵力集中，易為個個殲滅。

（5）淩波性差。

（6）防禦力弱。

（7）陸砲裝置船上運動量受限制，需靠船身轉向，故動作遲緩瞄準不易，且火力多集中船首方向，側後形成死角。

（8）隊形變換及航向保持不易，如經擊潰，再行編組整頓均感困難。

（9）防空力差，晝間行動，易受空襲。

（10）因登陸部隊統制不易，指揮易於混亂。

（三）對匪機帆船團作戰指導要領

1. 運用各種手段，先期偵知匪船團行動徵候，以求制敵機先。

2. 突擊匪船團發航港灣，不使其兵力集結。

3. 海空直協作戰以邀擊匪船團於海上，殲滅匪軍於水際。

當匪船團近迫登陸灘頭時，應協力陸、空軍攻擊匪之側背，阻斷匪後續船團之增援。

七、結論

匪以船海人海戰術，進犯海南，不顧重大犧牲殘民以逞，當時因其在海上運動緩慢，戰力薄弱，至每遭我艦隊打擊殲滅，損失慘重。匪經此教訓後，於進犯粵南群島時，即以附匪艦艇及武裝商輪，加強其渡犯船團之戰鬥力與運動力，雖仍不免遭受重大損失，然確已增加我艦隊作戰之困難。匪自竊據大陸迄今，由於俄帝之支援，其海、空兵力次第建立，關於作戰訓練亦有相當發展，故今後匪如發動渡海侵犯行動，自必以兩棲作戰方式行之，故我人應知所警惕，檢討過去，把握現在，潛心研究殲匪戰法，則確保反攻基地，待機光復大陸，以奇制勝以少勝多，消滅朱毛，重建中華指顧間事。

附表一　海軍海防第三艦隊指揮系統

民國卅九年一月至四月

建制指揮線
配屬指揮線

代將司令　王恩華
中校參謀長　陳慶堃

- 太倉軍艦　中校兼艦長　陳慶堃
- 永康軍艦　少校艦長　伍國華
- 永寧軍艦　少校艦長　張偉業
- 中鼎軍艦　中校艦長　郭勳景
- 中訓軍艦　中校艦長　王雨山
- 美宏軍艦　支上校新艦長　傅洪讓
- 美頌軍艦　中校艦長　敖維駒
- 五指軍艦　少校艦長　錢詩麒
- 永嘉軍艦（派駐萬山群島擔任防務）少校艦長　吳文彬
- 營口軍艦　∨（兩艦在台整修）
- 成安軍艦
- 太康軍艦　上校艦長　崔之道
- 潮安軍艦　少校艦長　陳安華
- 太平軍艦　上校艦長　謝祝年
- 太和軍艦　上校艦長　齊鴻章
- 秀英巡防處　屬砲26、砲70、差8、驅潛一號、光強、海碩、青利等艇（光強自三月七日後屬瓊東巡防處）
- 南山衛巡防處　屬治平、建平、砲25、砲35、巡23、巡31、巡32、巡33、
- 瓊西巡防處　巡34、巡35、廣平、高要等艇
- 瓊東巡防處　屬光強、差9等艇

附表二　海軍第三艦隊於海南戰役（鬥）俘虜鹵獲數量統計表

部隊番號：海軍第三艦隊

俘虜	
官	12
兵	294

鹵獲			
彈藥	二箱又 1,694 發	衝鋒槍	2
工具		手槍	1
零件		步槍	12
文件		手榴彈	1
82 迫砲	1	油料桶	15
輕機槍	1	竹造救生筏	75

附記：另斃匪九千餘人，擊毀匪船四百四十艘。

附表三　海軍第三艦隊於海南戰役（鬥）參戰及傷亡人馬數目統計表

部隊番號		海軍第三艦隊
作戰日期		39 年 1 月至 4 月
作戰地點		瓊州海峽
參戰數	官	
	士兵	
	小計	
陣亡數	官	1
	士兵	3
	小計	4
受傷數	官	3
	士兵	29
	小計	32
失蹤數	官	
	士兵	
	小計	

附表四　忠烈姓名調查表

烈士姓名	級職	所屬部隊	殉國		
			戰役名稱	年月日	地點
羅俊鈞	中尉艦務官	太平艦	海南戰役	39/4/19	雷州半島溶尾角
韓福林	槍砲中士	永康艦	海南戰役	39/3/28	潿洲島
劉紹甫	槍砲下士	美頌艦	海南戰役	39/4/5	榆林
黃　克	帆纜上等兵	太平艦	海南戰役	39/4/17	澄邁灣

海軍第三艦隊海南戰役戰鬥經過要圖
三十九年四月十六至廿二日

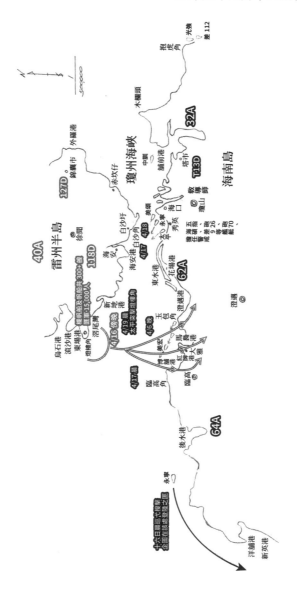

● **陳志文**
作戰時級職：海軍五指軍艦少校艦長
撰寫時級職：海軍海港防禦第一大隊中校大隊長

作戰地區：海南島海口市

作戰起迄日期：39 年 2 月 13 日至 4 月 22 日

海南島戰役

（一）概述

　　民卅八年廣州失守後，在那年冬匪騎踏遍了廣東南路，楔入了雷州半島，這個形勢很明白對海南威脅是很大的。在這時海南島上除了海南特長官公署陳濟棠長官外，更加上廣東省政府、廣州綏靖公署、華中長官公署、廣西省政府，將領則有陳濟棠、白崇禧、夏威、余漢謀、薛岳、黃旭初、李品仙，一共是五個大機關、七員將領，因而人事之複雜，政務之叢脞，軍事指揮權之混亂，實令人不知所措，幸而中央措置適宜，先後將華中長官公署以及廣西省政府、廣州綏靖公署先後撤銷，而以陳濟棠為海南特區長官，余漢謀為副長官，薛岳為。海駐於海南者，僅有太倉、潮安、中訓、美宏四艦，故不敷艦艇使用，因此薛總司令即飭海軍暫將五指艦接收，余當時為美宏副長，在保衛戰未開始前曾在海南巡弋，先後協助艦長敖維駒擊沉匪機帆船數艘，因而蒙司令王恩華少將之遴選為該艦艦長，於卅九年二月十一日接收。此時該艦全無武器，人員由各艦抽調（只有編制人數 30%），主副機不良，接收後多方設法，將管倉庫之雜勤士兵加以訓練，務人員能達 70%，及日夜趕修主副機，為時十日即能啟動，自台空運海南 20 糎砲四門，盡一晝夜之時間及安裝完竣，便於廿四日

開始服勤，現在回想起來，當時士氣之旺盛及工作之效能，殊不可多得。

（二）作戰前之狀況

前面說過自從中央措置適宜，海南情況已由一團亂麻理出了頭緒，政治、軍事均有專人負責處理，來瓊軍隊一部分加緊編成為勁旅，一部分重劃防地參加防守，空軍不斷飛翔於雷州半島上空，海軍軍艦則巡弋瓊州海峽上，在戰事未正式啟發前，匪不斷每天派機帆船在海上刺探我海軍實力，我艦曾先後與以擊沉，空軍亦先後將粵南沿海工事及匪船予以掃蕩襲擊，總之在戰事未啟前雖有不斷接觸，而皆與我有利，民心亦安，直至海南撤退前夕，此種現象仍然維持著，殊為可貴。

（三）我軍作戰指導

因余為海軍人員，對陸空軍之作戰指導及計劃部署無所悉，故從略。而我第三艦隊之作戰指導為確保瓊州海峽之安全及擊毀匪登陸海南島之企圖，故兵力之部署，以海南島海口市之秀英港為基地，而以舖前港、白沙門、馬裊港、臨高角為輔，每日以風向潮流判斷敵之登陸地點，集中兵力迎擊之，並於前述每一地派艦駐防以防意外，及東從木欄頭、西至潿洲島之海峽上不斷派艦巡弋於海上，我五指艦經常駐於白沙門及馬裊港並巡弋於海峽間，而以少量艦艇能達如許之任務，皆王司令之指揮有方，通信靈活及將士用命所至也。

（四）作戰經過

從卅九年二月十三日至四月廿二日，共匪前後企圖登陸瓊州

島者共十一次，茲分摘要如下：

（1）二月十三日晚，匪乘月黑風高薄霧，在下午八時乘帆船六艘在瓊州縣屬舖前港附近的塔市以北地區偷渡，為我方擊沉。

（2）三月六、七兩日，匪千餘在儋縣超頭市附近強行登陸，全部被殲。

（3）三月十日下午，匪千餘被我方於文昌縣屬田頭坡發現，擊沉三艘。

（4）三月十四日，匪百餘向我瓊東海面偷渡，被我方全部擊斃。

（5）三月廿日上午九時，海口東約十五里文君村海面發現匪傳三艘，人約二百，三艘船被擊沉，匪軍全部覆滅。

（6）三月廿七日，匪一一八師主力全部分三次向我海南島北端臨高角海面強行偷渡，經我海空協同攻擊，全部覆滅。

（7）四月一日，匪船廿六艘約二千四百人在白沙門企圖登陸，為我艦隊所擊沉，匪大部擊斃，餘四百多人向我投誠。

（8）四月三日，匪向瓊東北海面偷渡，被我海軍發覺，全部擊潰。

（9）四月八日拂曉，臨高角、美夏港、玉芭港各處都有匪船，共卅餘艘，被我海軍擊沉廿六艘。

（10）四月十一日晨，匪船一艘在美夏港附近企圖登陸，為我方射擊，匪船投降。

（11）四月十六日至十八日止，匪帆船兩百艘由臨高海面強行登陸，在海峽上為我方艦所擊沉甚夥，我艦隊司令王恩華少將在此役受傷，廿二日因戰局及決策關係，於廿二下三時奉令轉進榆林港。

（五）戰後狀況

　　我（五指）艦曾參與第七次白沙門及十七次臨高與美臺之

戰，共斃匪一百餘人，俘匪十人，輕機槍乙枝，步槍十四枝，因我艦為運輸艦，當時重要任務為運載海南海軍後勤全部物資與金銀貨幣等，故戰績不著。

（六）結論

　　從海南全盤戰局來說，從開直到撤退，士氣是非常旺盛，同時海南海峽只有十七哩的寬，共匪偷渡十次均不得登陸，從匪軍開始擔任攻擊的是陳匪賡，幾次進攻均不得逞，隨後來攻，換了林匪彪，同時自己廣播損失了八萬人，實在的數當不止呢！且當時我們海南作戰部隊也不過七、八萬人，從上面的例子可作保衛金馬之參考。最末的就是海南之役，從開始一直到轉進，我們海軍都是打勝的，每天晚上甚至有幾十噸重的小砲艇也出參與戰鬥，雖然最後海南是失守了，但這是決策，海軍可說是盡了最大的力量，亦可說達成任務了。

部隊編制裝備與實有兵力比較表

部隊番號：五指軍艦

編制數		實有數	
官	14	官	7
士兵	60	士兵	40
火砲	4 門 20mm	火砲	4 門 20mm
輕機	2	輕機	2
步槍	16	步槍	16

實有兵力與編制兵力之比較：官 50%、兵 77%、武器 100%。

第三艦隊指揮系統表

第三艦隊
司令王恩華
參謀長 陳慶堃

- 太平艦艦長 謝祝年
- 潮安艦艦長 陳安華
- 美宏艦艦長 敖維駒
- 中訓艦艦長 傅洪讓
- 美頌艦艦長 錢詩麒
- 五指艦艦長 陳志文
- 太倉艦艦長 陳慶堃（駐南山衛，未參與海南保衛戰）
- 永嘉艦艦長 吳文彬
- 第四砲艇隊一部分兼隊長 康肇祥

海南保衛戰指揮系統表

防衛總司令 薛岳
參謀長

- 海軍
  - 第三艦隊司令 王恩華
- 空軍
  - 海南空軍指揮官 陳有為
- 陸軍
  - 第一路總指揮 李鐵軍
  - 第二路總指揮 李玉堂
  - 第三路總指揮 歐震
  - 第四路總指揮 容有略

匪軍指揮系統表

匪司令員　陳賡（初期）
　　　　　林彪（後期）

- 1. 匪四十一軍
- 2. 匪四十三軍
- 3. 匪海南縱隊馮匪白駒
- 4. 餘不詳

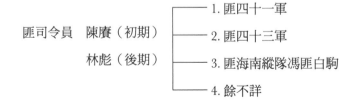

● **楊汝聰**
作戰時級職：海軍瓊西巡防處少校處長
撰寫時級職：憲兵學校海軍上校副教育長

作戰地區：海南島臨高地區
作戰起迄日期：39 年 3 月

海南島臨高戡亂作戰詳歷及心得報告
一、概述

　　民國卅八年十月奉令組設海軍瓊西巡防處於海南島臨高縣屬
之八所港，在榆林歷二月之籌劃訓練整備，全部就緒。至卅九
年一月，本人率領全處官兵暨中訓軍艦一艘、砲 26 號艇一艘、
差 8 號艇一艘、電台一個、警衛人員一連，進駐目的地「八所
港」，擔負該防區剿匪任務。當時行政系統隸屬於海軍第二軍區
司令（即現任總司令梁序昭上將）指揮，配屬於第三艦隊作戰，
歸該艦隊司令（即現任海軍艦隊指揮官王恩華中將）指揮，在遵
照國策與上級正確指示暨全體官兵英勇負責密切合作之下，展開
戡亂工作。

二、作戰前之狀況

　　本處未進駐防區前，據報馮匪白駒經常派遣流匪及利用武裝
船舶先後在臨高、儋縣一帶出沒，進駐後對該方面匪情動態更為
深切瞭解，經研判分析認為匪有奪取臨高、儋縣一帶企圖，其目
的在掌握該方面水陸之接應，避免我軍向其威脅。我艦艇進駐
後，經常派遣艦艇巡弋，秩序恢復，民心振奮。回憶當時鄰接友
軍為 64 軍之二個營，匪之陸上部隊兵力相當於一個團，但非正

式建制部隊，乃由其根據地五指山臨時抽調編成，海上機動乃強
徵民有之船舶或可利用之輪船加以武裝，乃斷定匪之海上機動性
是脆弱的，作戰技術更談不上，因此我官兵戰鬥意志更堅強，對
該方面清剿工作更具信心。

三、我軍作戰指導（計畫部署）

　　本處管轄艦艇三艘（計有中訓軍艦一艘、砲26號艇一艘、
差8號艇一艘），必要時請第三艦隊支援，茲就本處艦艇部署
言，以中訓軍艦為機動，砲26號艇、差8號艇擔任巡邏警戒，
支援陸上友軍清剿流匪，我率中訓艦適時加入戰鬥。

四、作戰經過（含忠烈（勇）事蹟）

　　本處艦艇曾先後單獨或配屬於第三艦隊參加海南西邊巡防區
戰役六次，其中以臨高一役較為劇烈。是役我率砲26號艇參加
作戰，歸第三艦隊之戰隊長指揮，是役匪使用武裝船舶大小十五
艘，利用拂曉（月日記憶不清）企圖奪取臨高，首先為我艦發現
目標，戰隊長即令參戰，艦艇一面沉著追剿，一面準備集中火力
向匪主要船隻攻擊，惟匪船亦由四面八方以不同口徑砲向我艦艇
射擊，在此情況之下，我官兵越加奮勇，越加沉著，等至適當時
機，我艦艇乃集中可用火力一鼓而攻，結果匪船被擊沉五艘，餘
均逃走。

五、戰鬥後狀況（含敵我傷亡統計、俘虜鹵獲暨影響政局、軍隊
　　及地方關係之事項）。

　　回憶是役，計匪被擊沉船舶五艘，發現匪浮屍數十具，鹵
獲40糎機槍二挺，步槍二枝，匪俘五名，我艦艇暨官兵均無傷

亡。自是役後友軍 64 軍士氣益加奮勵，地方團體及民眾於戰爭結束後，曾派代表前來慰勞，從此軍民益加合作，地方對駐軍更為信賴。

六、檢討

1. 我軍有中心思想，有訓練，有編組，士氣激昂。
2. 民心仇恨共匪，處處信賴國軍，希望艦艇經常駐防，以保其身家性命。
3. 匪用甜言蜜語手段，欺騙人民，戴上人民帽子，騎在人民頭上，不顧人民死活，實行人海戰術，致民心仇恨到極點。
4. 根據當時狀況言，匪之海軍機動性脆弱，缺乏作戰技術。
5. 綜合以上所述，我們不能以此自滿，更應時刻提高警覺，處處防範敵人滲透，認清當前大敵，堅定我們信心。在總統蔣公領導之下，實踐力行，發揮革命戰術，完成反共抗俄，復國建國的神聖使命。

● **李純成**
作戰時級職：海軍陸戰隊第一旅少將薪參謀長
撰寫時級職：台北衛戍總司令部砲兵上校附員

作戰地區：海南島
作戰起迄日期：39 年 3 月至 4 月

民三十九年海南島海口及榆林之役

　　民國三十九年余先後在舟山、海南島戡亂作戰陣營中，以任
海軍陸戰隊第一旅參謀長、砲兵指揮官，分在該兩地從事負責防
衛島嶼部署及計劃作戰，最後以奉命撤退轉進來台，復以部隊縮
偏，調職、七、八年來守株待兔，歷任組長、附員，乏善可告，
惟等待反攻，再事殺敵復國建國工作，於願足矣！

● 敖維駒
作戰時級職：海軍美宏軍艦中校艦長
撰寫時級職：〔未填寫〕

作戰地區：海南島

作戰起迄日期：39年3月至4月

戡亂作戰心得報告

概言

　　余十四歲投入海軍學校，次年即逢九一八事變，待官校畢業六日後，七七抗戰開始，即由青島西上參加江西馬當戰役、宜沙保衛戰，二十九年又復深入川黔湘鄂邊區清剿苗匪，學海軍而在地面深山中戰鬥，此時雖心裡痛苦，亦增加無限寶貴經驗，將終生憶念無時或忘。

　　三十四年抗日勝利，復歸海上，巡弋長江，駐守渤海，海南剿匪，大陳保衛，以及不時巡駐金馬，尤盼光榮偉大反攻復國戰役中得蒙參予，以竟軍人天職。

海南島保衛戰

一、概述

　　我海軍於三十九年初在海南島之秀英港巡防處原址設置海軍第三艦隊司令部，協助防守該島，轄有太字艦一、永字艦二、安字艦一，及中、美字艦各一，其後因戰況，曾增加艦隻數艘。本人率美宏艦，於三十八年冬由左營駛往海口加入序列。迄三十九年五月中旬，由榆林港駛返左營。

二、作戰前之狀況

匪共竊據雷州半島後，為支援即趨潰滅之海南島土共馮白駒殘部，時思派匪軍偷渡，以為支援。計三十九年一至四月底，先後計十二次皆較具規範，其地點則北起抱虎嶺、白沙門、馬裊港、澄邁灣，南迄臨高角等地。

我方則以海陸空聯合兵力，確保該島，以控制半島上之匪軍，而為台灣之最前哨之一。

對海軍而言，雖匪海陸空三軍軍力皆不足威脅我艦艇，但瓊州海峽最寬處只十浬餘，春夏交之和風低霧。匪以帆船船團，暗夜乘風偷渡，阻擊之機會只有十之一二耳，如一登陸，則藏入密林深山中，清剿匪易。

三、我軍作戰指導

我艦艇唯一之任務在阻擊匪偷渡船團，海峽既屬窄長，兵力只有分駐各要點，分段巡弋警戒，發現匪蹤即阻擊及通告友軍，以期合力擊滅之。

四、作戰經過

瓊州海峽，入三月後，晨、昏皆有低霧，漫佈海面，並有北風輕吹。如在暗夜更屬偷渡良機。概匪曾乘北風急吹，不顧浪濤，由抱虎嶺白晝登陸，其五艘帆船，為我砲兵擊沉三艘，潰逃一艘，僅餘一艘搶灘後，員兵因浪昏暈，全為我生俘，故此後之十二次偷渡，全利用上述時機，最後一次則使用大帆船二百餘艘，選澄邁灣寬十數浬之海灘，作廣正面之滲入。據事後匪宣布出動三萬兵員，損失幾近兩萬，我方亦因任機動打擊之兵力教導團，歷次戰鬥傷亡皆未補充，致實力削弱。四千匪俘譁叛，乃致

前功盡棄。一般意見，如當時有一師生力軍，海南島仍在掌握中。但洞燭機先，終非易事。

余參予之戰鬥計共三次，曰白沙門、臨高角及澄邁灣戰鬥。

1. 白沙門戰鬥

三月三十一日夜，美宏任海口至舖前灣一帶海面巡弋。天暗北風輕吹，海面碎浪，本艦航向西南轉西，距舖前灣約七浬。於二十一時半，雷達發現水面浮動目標一團，向海口方向緩移，但反射微弱，判係匪帆船船團，約二、三十艘。即一面迎擊，一面告警，中興急速由海口來援。

二十二時許，本艦往返阻擊，因夜暗霧低，駛近匪帆船二千碼內，方能見朦朧中之目標。匪亦以重機槍猛烈還擊，並間以火箭射向我艦。戰鬥雖每次十數分鐘，但雙方皆乘機猛拼，目標不見即暫歸沉寂。如是斷續不停，至零時後，敵船非沉即竄，乃停戰鬥，本艦戰士兩員重傷。

四月一日晨六時餘，天色漸曉，海面風強，霧漸散去，水面時見船具、纜索等物隨波飄浮。返航前，俘匪帆船一，匪俘三十名，並衝鋒槍五挺、步槍三枝、火箭筒一具。

當夜滲入登陸之匪軍，因經我阻擊，匆忙中搶上白沙門一帶沙灘，其中小川縱橫，泥淖陷足，奔波竟夜，仍無出路。欲乘船逃逸，又以船底膠著灘岸，在我海陸空三方夾擊中，生俘二百餘名，餘均就殲。我陸軍教導團，不顧匪困獸之鬥，勇猛進剿，致傷亡亦重。

當圍剿匪軍時，海口市民皆登高瞭望，忘卻流彈之危害，一心盼匪徒早行就殲。此一戰鬥為保衛海南之首次，民心士氣激憤昂揚，更導致此後十數次之勝利。

2. 臨高角戰鬥

四月二日晚，本艦任臨高角迄馬裊港間巡弋，有霧，北風輕吹，天空多雲，月齡下旬，約三日凌晨三時許，就西沉微弱月光中，發現帆船一艘向雷州半島駛去。即行駛近，約距兩仟餘碼，該船即以機槍向我掃射，本艦以四十糎砲還擊，黑暗中不易見確實戰果。

三時四十分，本艦轉駛至背月光之側，匪船在月光籠照下，目標明確，射擊中的，但匪船仍盲目向西方射擊。前桅帆檣被我擊燬後，隨波逐流飄向雷州半島。乃緩車監視，候天曉時迫近，俘匪兵約五十名，傷者約三十餘，皆為四十糎砲射入艙中破片所傷。匪連長及指導員等，已於當夜戰鬥中為我擊斃。

匪俘供稱，彼等係白沙門戰役中逃逸之一群，只攜機槍兩挺，彈藥三仟餘發，步槍少許，皆在最後一刻投入海中，並已兩晝夜未得飲食，登艦後皆昏然踡臥，進入夢鄉，可見其疲乏殊甚，失卻戰志。我艦人員皆安全。

3. 澄邁灣戰鬥

匪經十一次偷渡，皆損失慘重，倖得逃入深山者無多，乃於四月十七日傍晚，由安海灣以北之各港口匯集部隊，乘帆船，乘北風進襲海南島。通過海峽適在黃昏以後，我空軍仍無能為力。我艦艇因無第二線兵力，致使兵力無法適時集中。匪失敗之餘，提出「船海」口號，冀以「量」取勝，亦即「人海」戰術轉用於水上。

本艦當時泊臨高角警戒。於落日餘暉中，見匪岸帆檣如林，乘風緩移，即前往迎擊，並發出警報。夜霧濺起，風速轉強，並見匪船團中連絡火號，時明時滅。

十八時半，開始接戰反復阻擊，只能在閃光瞬間發現目標。約二十時，太平來援，本艦即由太平導航，駛近澄邁灣岸邊，向匪船阻擊，該艦則射出照明彈，以便本艦射擊。戰鬥終宵，只聞槍砲震耳、閃光眩耀。

拂曉，敵匪已無後續船團。其在海上二艘帆船，一為本艦擊沉，一為太平擊沉。霧漸散，見澄邁灣約帆船二百餘艘搶登灘上，並不見匪軍，駛近轟擊，匪用野砲發射空炸彈猛烈還擊。太平艦艦尾中兩彈，又同行退出，往返巡弋，以阻敵後續船團。近午，聞登陸敵軍已生俘四千餘。

過午，本艦因只有電機一部，必須駛離現場，當夜濃霧，又奉令駛榆林港。途中，又聞匪俘譁變，致使情勢改觀，海南保衛戰於焉結束。

五、戰鬥後狀況

海南戰役，每次戰鬥皆有俘獲。其尤值注意者，我三軍聯合機構雖未設立，但協同、配合皆屬盡心盡力，期達完滿。有時限於器材，未能直接在基層間構成連繫，匪時有乘隙漏網之機會，致三軍間瞭解合作之重要。

經此戰役，我民心士氣，又形振奮，國軍實力仍屬充沛。

六、檢討

1. 匪軍事作戰

匪軍重視保密，其措施，攻擊部隊遠由北方調用，使無逃逸之可能，夜行晝宿，全數使用民宅，並由民兵警衛，日間不見一兵一卒。

出擊前另行編組，只以班為固定單位，排以上匪兵則互不相

識，如此滲入便利，保密確實，並可互相監視。

其船團則每隊三艘，採三三制而中隊、大隊。並用小型漁船編配重機槍及火箭筒，乘員二至三十人，稱為對兵艦船，為攻擊單位，專迫近我艦以引我砲火與彼射擊，而資其船團安全。

當戰鬥時，除舵手及射手指揮官等，其非必要人員則藏匿艙下，以求減少傷亡，容易掌握。並有修理組，備有木塞、破布用為漏之需。故所俘匪俘，匪酋、匪幹特為稀少，多於戰鬥中早期傷亡。

2. 匪軍政治作戰

匪軍偷渡部隊皆由北方各省派出，經兩月餘行軍抵達瓊州半島海岸，晝間分匿民宅中，防我空軍偵炸及諜報人員之查知。

出擊前日傍晚，分至海邊，指出我海南島所在，並告匪軍佯言只須乘船渡海數小時可達，即調換其他匪軍回防。其選定夜間，係為彼等萬一之安全，不得不爾。更每人發船洋二圓，其冀彼得深信之方法、手段，真無微不至。

匪為鼓舞其士氣，曾舉行宣誓，寫其立功書二份，一呈上級，一攜在身上。由俘匪身上搜出甚多。更為堅定其勇氣，規定匪船如逃回匪港，將一律即行擊沉。

尤可笑者，匪俘謂，匪強調土製炸藥功效，宣稱炸藥對越堅硬物質越有摧毀力，但對柔軟物質則效力盡失。故對國軍軍艦，乘帆船迫近引炸，只有鋼鐵質軍艦將被炸毀，所乘帆船係木質，一定安全無損。極盡欺騙之能事。

3. 經驗教訓

海軍艦艇利於機動主動，海南島防守中，用為分駐各地巡

弋，未能發揮此種特性。

　　艦艇對帆船阻截，只能削弱其攻勢，打擊其士氣，妨礙其指揮，當數量對比懸殊時，此事更形顯著。

4. 改進意見及建議

　　海島之守衛，海軍只屬削弱進攻敵人勢力，欲海軍艦隻將敵完全消滅，是事實所不能，過份之倚賴或苛求，皆遭致慘痛後果。

　　確認艦隻之主動、機動特性，如何發展其特性，以利於作戰，為必須研究者。

● **陳安華**
作戰時級職：海軍潮安軍艦少校艦長
撰寫時級職：海軍第四十二戰隊上校戰隊長

作戰地區：海南島
作戰起迄日期：39 年 3 月 14 日至 4 月 23 日

海南戰役戡亂作戰心得報告

一、概述

　　海軍潮安軍艦原為海軍第一艦隊司令部屬艦，於民國三十九年三月間，海南戰事告急，奉命南駛增援，於同年三月十四日抵達海南秀英港編入第三艦隊戰鬥序列，擔任瓊北各港口防務，控制瓊州海峽，支援友軍作戰，依狀況搜索並突擊雷州半島深水港，阻敵進襲。

　　本艦為日式海防艦，於抗戰勝利後由日本賠償我國艦艇中之一，民國三十六年夏於青島接收暫編為接二十三號艦，在未成軍前，曾自力搶修，已能由青島駛上海轉舟山，因完成遠航任務，即於三十八年五月一日奉令成軍，正式命名為潮安軍艦。本艦由接收而迄海南作戰，均係由職長理，編制官佐十五員，士兵一〇〇員，合共一一五員，當時員額充足，火力有三吋主砲一門，四十公釐雙聯裝一門，四十公釐單裝兩門，二十五公釐機關砲兩挺，十三公釐機關槍兩挺，均完整堪用，並戰備情形良好，足以充分發揮戰力。

二、作戰前之狀況

（一）起緣

共匪在抗戰期間利用對日抗戰為名，實行挑撥離間陰謀，勝利後掠奪物資，擴充地盤，以和平談判為政治號召，以打打談談、談談打打，對外則混淆國際視聽，散亂人心，對內則瓦解民心士氣，孤立政府，以達其叛亂顛覆迷夢，惜我朝野不察，且有淺見之士、動搖分子竟以和平幻想寄望於總統之下野，以致中樞無主，領導失卻重心，因而赤燄囂張山河變色，國軍主力轉進台灣。雷州半島既陷，海南與雷州半島隔海相對，遂為匪我必爭之軍事要地，共匪因渡海攻瓊而被我殲滅於海際而葬身魚腹者，足予叛亂者以膺懲，後雖因戰略關係奉令撤離，然兵力集中足使台灣防衛力量鞏固，奠定保衛台灣反攻大陸之堅強基礎。

（二）匪軍狀況

當面匪軍無正式海軍艦艇裝備，其渡海工具為機帆船及徵集漁船等共三百餘艘，其組織以配合陸軍人員裝備為主，其匪軍第四十軍及四十二軍共十萬人，分駐陽江、電白及雷州半島與北海一帶，另海南土共為馮白駒部約二萬人，盤據中部山地施行擾亂，以策應粵南共匪之攻略作戰。

（三）我軍狀況

三十九年四月二十二日以前，海軍第三艦隊所屬太平、潮安、永寧、永康、中訓、美宏、美頌、五指等艦及砲 26 號、砲 70 號、海碩、驅潛一號、差九等艇駐海口，差 113 號駐八所，光強、差 112 號艇駐清瀾。

友軍之陸軍卅二軍及暫一三師、瓊北要塞駐守瓊北東部沿岸，第六二軍及教導師駐守瓊北中部沿岸，第六三軍駐守

瓊南沿岸，全島共陸軍十四萬人，惟戰鬥部隊估計約為五萬人，友軍之空軍飛機一個大隊及警衛兵一個團駐海口。

三、我軍作戰指導（作戰計劃）

1. 匪情判斷

保密區分：極機密

海軍潮安軍艦匪情判斷

三十九年三月於海南島

使用地圖：海南島及雷州半島五萬分一及廿五萬分一座標圖及海圖。

一、使命

　　控制瓊島海峽，支援瓊北友軍作戰，依狀況搜索並突擊雷州半島深水港，阻匪進襲，以鞏固防衛海南為目的。

二、狀況

　　（一）作戰地區之特性

　　（1）位置

　　　　海南島在雷州半島之南，被一寬約廿公里之瓊州（海南）海峽所分隔，位於東經一〇九度三十分，北緯十九度廿四分。

　　（2）面積

　　　　本島長約二九〇公里，寬約一七八公里，面積計三二、一九八平方公里。

　　（3）人口

　　　　根據三十九年調查，計有二、四六四、七一二人，其中黎人約佔二〇〇、〇〇〇人。

（4）形勢

　　扼兩廣咽喉，南護西南沙群島，而與台灣構成中國之雙眼，為海防之前哨。

　　本島內陸多山，黎母山嶺聳立島之中部，最高峰之高度為一、七八九公尺，此山之北為袋形地區，他方則為被多數小山分隔之平原。

　　海岸曲折，峽口眾多，沙灘漫延低下，並為沼澤、角洲或峽角所阻，海岸附近多珊瑚礁石，若干海岸則有淺水沙洲向外延伸，尤以北部隔海海峽部分為最，但南部與西部則有較為良好之港灣。

（5）交通

　　全島僅有供運鐵沙之輕便鐵路三條，即田獨至榆林港、石碌至北黎港及北黎至榆林港。

　　公路合計約八九〇公里，橋樑十四座。

　　水運僅有南渡、長之、澄邁、定安、海口間，可供二百至三百噸船隻通航。

（6）水深港道

　　本島北岸與雷州半島間海南海峽，寬約廿里，長約一百公里，海峽東部進口淺灘羅列，最深處 21 公尺，最淺處 1.8 公尺。

　　可資利用之海道有三：（一）北航道在海獺灘與北方灘之間，水深十二尺至廿公尺，由於航道曲折，標誌不明，一般均不經此道。（二）中航道在北方灘與南方灘之間，水深 20 公尺至 40 公尺，若天氣良好為最佳港道。（三）南航道在抱虎角與南方灘之間水深為 8 至 34 公尺，有浮標設置，為天氣不良之

航道。

（7）潮流

海口灣平均高潮間隙為八時卅分，大潮升一・七公尺，小潮升一・四公尺，平均海面一・三公尺，在天文台觀測點北港面漲潮時向西流，流速一節，落潮向東流，流速二節。

（8）產業

農產不能自給自足，雜糧有菱米、椰子、檳榔、咖啡等。

林產佔全島五分之一，木材質地甚佳，以沉香木、枷楠木為特產。

礦產蘊藏有金、銀、銅、鐵、錫等，惜未大量開採。

漁業年獲七四萬擔。

鹽業出產甚豐，除自給外尚有輸出。

（二）匪情

（1）兵力

當面匪軍無正式海軍艦艇裝備，其渡海工具為機帆船及徵集漁船等共三百餘艘，匪軍第四十軍及四十二軍共十萬人，另海南土共馮白駒部約二萬人。

（2）編組

匪軍船隊編組以配合陸軍人員裝備為主，第四十軍、第四十二軍其編製裝備與我軍相似，土共馮白駒部與我游擊部隊相似。

（3）部署

四十軍分駐陽江、電白及雷州半島各港口，四十二軍分駐雷州半島及北海各港口，馮白駒部盤據海南中部

山中。

（4）活動

匪軍於卅八年十二月至卅九年二月即大量徵集船隻，訓練水手演習渡海作戰，在登樓角構築砲兵陣地，加強重點控制，由卅九年三月起當面匪軍調動頻繁，並加強對我之攻擊。

（三）匪軍能力之分析

（1）編制

匪軍渡海面工具有機帆船及漁船共有三百餘艘，其船團編組以陸軍作戰單位配合為主，匪陸軍編組與我陸軍相似，亦以「三三」制，每軍三師，每師三團，餘類推。

（2）裝備

約為編制百分之八十，國械、美械並用。

（3）訓練

匪利用夜暗及陰雨天候訓練渡海作戰，其訓練主要科目為航行隊形、指揮、通訊、登陸戰及反登陸戰等。

（4）補給狀況

據報匪軍對渡海作戰準尚頗充足。

（5）士氣

匪軍缺乏渡作戰經驗，且多存恐懼心理，故特注重思想動員及精神教育，以堅定其信心。

（四）結論

根據以上所述判斷，匪軍可能於四月中旬大規模渡犯海南，其可能採取之行動，概可分為下列二案。

第一案： 匪將以有利之一部在玉包港、臨高角，主力在在海口灣附近登陸。

第二案： 集中全力突破我海上防線後，並在臨高角及玉包港間實施登陸。

以上兩案，第一案置重點於海口灣附近，目標顯著，登陸灘頭適於使用，但為海軍基地，防守兵力較強，攻堅不利，傷亡必大，利少害多。第二案集中全力突破我海上防線後，即在臨高角、玉包港間登陸，雖海上損失一部，若能到達灘頭登陸即易與土共策應，故判斷匪軍渡犯海南，當採取第二案，公算最大。

2. 我軍狀況判斷及作戰計劃

查我軍狀況判斷之擬訂，應由使命狀況及行動考案、相對行動考案之分析、我軍行動考案之比較及決心等五段構成，適用於一個軍種或一個部隊兵力以上之運用，由各項分析比較而產生決心，本判斷已由當時負責指揮作戰之海軍第三艦隊司令部訂頒實施，本艦為單艦，所有任務均遵照上級指派執行，本判斷從略。又查作戰計劃之擬訂，亦由一般狀況使命、各部隊之任務、行政與後勤事項及指導與通信等五段構成，其需要擬訂情形與狀況判斷相同，故本計劃之擬訂亦從略，故特加以說明。

四、作戰經過

作戰前匪我狀況見上述第二項作戰前狀況（二）（三）兩款，茲將本艦抵達海南以後參加較大之戰鬥三次，計玉包港及白

沙門之戰鬥及臨高角總攻之戰，上述匪情判斷係以臨高角總攻之戰而研判之。

（一）玉包港之戰鬥

三月二十七日渡海匪軍第四十軍第 118 師 352、353、354
團各一個營之重兵器部隊，攜有野山砲、迫擊砲及重機槍
等，分乘匪帆船四艘，企圖在玉包港登陸，另一艘企圖在
大雅登陸，本艦奉第三艦隊部之命，立即駛往截擊。本艦
於 0327 0530 發現該批匪船由雷州方面駛來，向玉包港接
近時，本艦接至 7,500 碼即三吋砲開始向其攻擊，後繼續
接敵在 3,500 碼以內並以四十公釐砲轟擊，使全艦砲火盡
量發揮火力，敵砲雖集中向我艦駕駛台還擊，全艦官兵不
因還擊而有所畏懼並愈戰愈勇，卒將匪船壹艘擊沉，其餘
受傷逃竄，並生俘匪軍四十八人，交由驅潛一號及砲 26
號兩艇分載押送海口灣處理。

（二）白沙門之戰鬥

四月一日渡海匪軍為第四十三軍第 127 師 379、381 團各
一個營，分乘匪船卅餘艘向我襲擊，除其他各港已由第三
艦隊部派美宏、中訓兩艦前往截擊外，本艦奉令於白沙門
附近一帶海面截擊，本艦當時適由臨高角截擊匪船駛還海
口，正在加油，於 0401 0020 發現其中五餘艘向白沙門海
面來襲，當即停止加油，並加速前往截擊。當本艦接近至
4,000 碼處，即發揮全艦火力，當即擊沉匪船壹艘，其餘
受傷逃竄，另一部漏網匪船竄入白沙門登陸，經陸上守軍
圍剿，迄二日全部殲滅。

（三）臨高角之戰鬥

四月十六日為匪進襲海南規模最大之最後一次，渡犯匪軍為第四十軍主力及四十三軍一二七師之一部，共約一萬五千人，分乘匪機帆船及帆船三百餘艘，由雷州半島燈樓角向臨高角一帶強行登陸，本艦與友艦太平、永寧、永康、美宏、美頌等協同作戰，經六晝夜之激戰，匪軍之人海戰術被我軍以火海戰術克制之，匪軍滿海流屍，海水盡赤。是役共擊沉擊傷匪船一百餘艘，傷斃匪六千餘人，本艦奉令殿後並巡弋澄邁灣、臨高角一帶，掃蕩海面阻匪航路，但匪自登陸後已無後續部隊，可知其實乃孤注一擲而已，迄四月二十三日奉令離瓊。

五、戰鬥後狀況

匪軍渡海攻瓊，其較大之戰鬥概分為十二次，其四月十六日臨高角之戰鬥為規模最大而最後之一次，其餘則規模較小，且多以由大陸所徵得之壯丁徒作犧牲品而已。本艦抵瓊後，除潿洲島戰役因規模不大未予列入外，先後共參加上列戰鬥三次，本艦均無傷亡，計俘虜匪軍四十八名。此次海南戰役因戰果輝，中外人士對海軍戰力均有新之估價，並獲致良好之影響。

六、檢討

海南作戰共歷時五月，自卅八年十二月至卅九年二月為準備及演習試探時期，由三月至四月為攻擊時間，本艦奉令來瓊增援正值匪軍攻瓊之時，故在此作戰期間，觀之匪我均互有短長。就匪軍方面言，其對攻擊計劃及部署有充分之準備與縝密之研究，由其經數月之準備演習及試探性之攻擊始行總攻，則可見其必經

多次研究再研究，檢討複檢討，然後始付諸實施，此為優點。又情報工作爭取時效，由其不惜耗費大量情報費，平時則運用諸般手段而盜取情報而使指揮作戰獲得有價值之情報。至其錯誤之處為船隻不敷應用，由其四月十六日總攻第一批約一萬餘人登陸後則無後續部隊，假如一旦不能得手則必至全軍就殲。又指揮連絡不靈，由其渡海時之船隊情形，凡經我艦艇攻擊後則隊形混亂，易遭更大之傷害。就我軍方而言，士氣高昂，因海軍第三艦隊王司令親自督戰而且受傷，故使軍心更為振奮。又艦艇使用機動，運用靈活，由於渡海匪軍艦艇損失情形則可知運用靈活而收效果。至於錯誤之小者，若每次戰多係單艦作戰，一旦遭遇多量匪船，易致首尾不顧造成膠著狀態，陸海空通訊器不健全，人員訓練不精，聯合演習不夠充分，於作戰時未能密切聯繫，保密不夠，情報遲緩，以致影響指揮作戰，有待加強改進之。

　　以上所陳僅為管見所及，且因本艦僅單艦作戰，且係擔任作戰月餘之時間，故就範圍內忠實報告，其掛一漏萬之處甚多，尚乞指正。

● 王雨山
作戰時級職：海軍中鼎軍艦中校艦長
撰寫時級職：海軍六二特遣部隊指揮部作戰組上校組長

作戰地區：廣東半島潿洲島
作戰起迄日期：39 年 4 月

參加海南戰役報告

一、概述

　　民國卅八年十一月，本人仍任中鼎軍艦艦長於撤運京滬物資至台事畢，奉命運補東、西、南沙各島，並相機援救擱淺東沙之中興艦。東沙島任務完畢，於十一月駛抵榆林，以候氣象適時運補西、南沙，至卅九年一月運補任務已完成。正準備駛台修船之際，海南情勢緊張，奉命留榆駐守，此時艦上機械因使用過久，已呈千瘡百孔之狀，幸得榆造船所時予搶修，勉能維持。

　　民國卅九年四月潿洲島突陷匪，奉三艦隊王恩華司令令即駛潿洲島突狙擊匪軍，並加封鎖後，匪軍攻海南日亟，我艦奉命搬運重要物資先行返台。

二、作戰前之狀況

　　我第三艦隊駐海口，實力不詳。我艦單艦駐防榆林，受軍區司令指揮。榆林社會情形安靜，頗現承平之象。

三、我軍作戰指導

　　第三艦隊命我艦嚴封鎖潿洲島，餘不詳。

四、作戰經過

我艦抵潿洲島後，永康艦來援，兩艦分別駐守潿洲島南北端，我艦並時時巡弋，曾捕獲由北海來匪機帆船兩艘（四艘竄入潿島），匪幹七、八員，並搜獲其宣傳品、渡海竹筏等物。據此得悉匪軍教育訓練情形，及渡海作戰之準備，甚俱價值，深為王司令之嘉許。其後奉命撤運海南物資來台，於海口匪軍登陸之前返抵台灣。

五、戰鬥後狀況

海南撤守，共軍竊據整個大陸，惟我在台建立反攻復國基地，總統蔣公重行視事，領導我們整軍經武，作反攻復國之準備，民心士氣大振。

六、檢討

登陸艦以其裝備情形，不足以擔任巡弋、截擊等作戰任務。

● 蔣豪達
作戰時級職：海軍中榮軍艦少校副長
撰寫時級職：海軍兩樓司令部上校處長

作戰地區：海南島

作戰起迄日期：39 年 4 月

戡亂作戰海南島轉進之役心得報告

一、概述

　　中榮軍艦係民國卅八年五月於上海撤退前成軍，擔任運送海軍江南造船所人員及裝備來台，爾後經常負擔運輸任務，航行於閩、粵、台等區域，首任艦長為馬焱衡上校，於卅九年四月間奉命駛榆林港參與撤運海南島守軍之任務。

二、作戰前之狀況

　　匪軍自雷州半島偷渡海南海峽後，即與潛伏海南島五指山之匪瓊崖縱隊（匪首馮白駒）會合，企圖掠奪該島。時國軍駐守該島者為 32C、62C、63C、64C 及 4C 與保安團隊與要塞部隊等，除 32C 尚稱完整外，其餘各部隊均殘缺不全，戰力薄弱，受匪軍內外攻擾，漸呈不支之勢，自瓊北向南撤退。

三、我軍作戰指導

　　最高當局為集中兵力確保台澎，乃以海軍船艇自榆林、三亞等港灣撤運守軍轉進台灣整備，待機反攻。

四、作戰經過

前總司令桂故上將受命率艦隊主力馳赴海南島撤運守軍，中榮艦抵榆林後，戰況緊張，迫近市郊，當即遵命先行靠泊碼頭裝載陸戰隊第六團一部兵力暨要塞砲彈藥，旋以戰事逆轉，鞏固港灣無望，奉令出港外游弋，執行收容工作，此時我陸軍部隊多乘各型大小水船在港外漂浮，本艦即分別駛往接運歷時一晝夜有餘，收容達千餘人，俟海面未見友軍蹤跡，乃執行指示擊沉無法駛台之內港拖船型砲艇一艘，即駛高雄港卸載。

五、戰鬥後狀況

本艦載運友軍以 62C 人員居多，抵台後由東南軍政長官公署點驗收編，要塞彈藥由後勤機構起卸，陸戰隊第六團一部兵力由副團長何恩廷率領歸建。

六、檢討

（一）本艦收容之部隊均係待有械彈，為恐變生腋肘，當洽請何副團長恩廷執行收繳武器彈藥及編組監視，得免意外發生。足證艦隊陸戰隊之與艦艇極形重要，本軍尚無艦隊陸戰隊之組織，殊值注視。

（二）陸戰隊與艦隊經常比肩作戰，為增強單位間之協調連繫，增進個人情感交流，除釐定人事政策，促進人事對流外，併運用各種節日舉辦公私集會，互相邀請參加，從個人了解以迄單位間精誠合作，實為不容忽視之舉。

（三）海南島守軍不避危難險阻，紛從海上飄乘以待收容，足證臨危不亂，反共意志堅定，始終擁護政府。

● 　王鴻聲
作戰時級職：海軍第二警衛營中校營長
撰寫時級職：海軍陸戰隊士官學校上校教育長

作戰地區：海南島海口及榆林

作戰起迄日期：39 年 4 月 11 日至 30 日

戡亂作戰海南島轉進戰役

　　兵法有云：「知己知彼，百戰百勝」。是以我們欲想戰勝敵人，必先要研究敵人，瞭解敵人。我們要研究敵人，瞭解敵人，不但要從理論上、學術上去探討，更須要在實際戰鬥經驗中去體會，不斷的研究發展，然後才能針對匪軍戰法，克敵致果，完成使命。

（一）作戰前之狀況

　　時為三十九年四月，余任海軍第二警衛營中校營長，奉令擔任掩護海南島海軍轉進之任務。大陸陷匪後，剩下來的自由土，只有台灣與海南島及其外圍島嶼。兩者相較，由於海南島防衛力量之薄弱，及其他條件的缺乏，故共匪配合海南島山區之土共，不時全力出擾，我最高當局為養精蓄銳，避免做無謂的犧牲，待機反攻大陸之決策，隨時有相機轉進之準備。

（二）作戰經過

　　三十九年四月中旬，雷州半島之匪軍，配合海南島山區之土共，全力傾巢出犯。我駐海南島之黨政軍，開始作有計劃之轉進，分別在海口及榆林港撤退，榆林繼海口而棄守，至四月三十

日，我們最後在敵火下離開了榆林港，人員、物資全部安全轉進成功，我無損失，計斃匪三百餘名。此次轉進之成功，全得力於已故參謀總長桂永清將軍（時任海軍總司令）之策劃與親自坐鎮之功勞。

（三）作戰後之狀況

我駐海南島之人員、物資（含陸軍部隊及機關法團）全部安全轉進後，剩下來的是焦土一片，蓋餘者寥寥，非焚燒殆盡，即已被破壞無遺，我保全了反攻之實力，匪軍得不償失。

（四）檢討

一、軍隊紀律在緊要關頭最為重要

三十九年四月下旬，雷州半島之匪軍，配合海南島山區之土共傾巢出犯，我最高當局之決策，為保全實力待機反攻，即開始向台灣轉進，在此緊要關頭，紀律嚴明之部隊，仍然秩序井然，秋毫無犯，但確有部分部隊成為烏合之眾，不但戰力全失，則違法亂紀之事相因而生，所謂「命令如山，紀律似鐵」之要求，平時尚易維持，在生死危險邊緣，這才是一種有力的考驗。

二、剿匪作戰應發揮黨政軍統合戰力

海南島之軍政長官，為已故之陳濟棠將軍，在轉進之前後，余目睹長官公署之行政效率低劣，黨政軍支離破碎，既無獨立作戰能力，又無協同殲敵精神，意志不團結，力量不集中，形成無政府狀態，不能發揮統合戰力，幸已故參謀總長桂永清上將（時任海軍總司令）臨危受命於轉進之前一週到達榆林港指揮一切，搶運大批物資，並掩護陸

軍部隊全部安全轉進，大將風格精忠體國的精神值得效
法，可為後死者之良好借鏡。

三、永不能忘記榆林港的最後一個禮拜

海南島之轉進，先後分兩個港口實施，海口及榆林港都是
由本人負責掩護的，實際上不只是掩護海軍人員、物資之
轉進，陸軍部隊也包括在內。榆林港繼海口而棄守，至四
月三十日，我們最後離開了海南島，在轉進前的一個禮
拜，集中在榆林港待運之物資，堆積如山，並有大批彈藥
及危險品，由海南島內陸撤退之陸軍部隊，亦先後蜂踴而
至，當時榆林秩序之亂，至堪憂慮！余為顧全大體，在群
龍無首之情況下，主動負責，臨時編組所有部隊，統一指
揮，作有計劃之轉進，幸港口在軍區範圍內，警戒管制較
為方便，我們利用既設工事，嚴加戒備，除擊退共匪之多
次進擾外，並防止了匪軍偽裝國軍向港口區干擾的企圖，
小股的匪軍被殲滅了四、五百人。

四月二十九日午後五時，距港口不遠的地方，我軍彈藥庫
實施爆破，各艦船為策安全，即先行駛離港口，停留海上
待命。余率隊繼續堅守榆林軍區港口，支持到最後五分
鐘，至四月三十日十二時，始奉命於敵之猛烈砲火下，實
施敵前撤退（是時榆林港週圍已為匪軍佔領）。至此人
員、物資（含陸軍部隊）全部安全轉進，一個禮拜的堅苦
戰鬥，官兵不眠不休，終於克服困難，完成任務。榆林港
留給匪軍的是焦土一片，因為我軍人員、物資，已作有計
劃之轉進，餘者寥寥，並已焚燒殆盡，破壞無遺。榆林港
的最後一個禮拜，在剿匪戡亂戰役中，永不忘懷。

● 謝祝年
作戰時級職：海軍太平軍艦上校艦長
撰寫時級職：海軍巡邏艦隊上校司令

作戰地區：海南島

作戰起迄日期：39 年 4 月 16 日至 19 日

戡亂海南島戰役

一、部隊沿革

　　太平軍艦為一護航驅逐艦，排水量一千二百餘噸，配有三吋砲三門，40 糎、20 糎高砲多門，反攻潛武器等裝備，係由美國撥贈我國者，該艦於三十五年在美國接收，由曹仲周中校任第一任艦長。同年夏歸國後，編隸於海防第一艦隊（後改編為海軍第一艦隊），並由海軍中校麥士堯、中校曹仲周、中校蔣謙、上校馮啟聰、上校謝祝年等先後充任該艦艦長。

　　該艦曾於三十五年編同永興、中業等艦偵巡西、南沙各群島，今南沙群島中之太平島，即為紀念該艦而命名，復曾參與海陽及青島之撤退、長江封鎖、舟山撤退等戰役。

二、作戰前之狀況

　　共匪自三十八年全部佔據廣東後，匪第 40 軍及 43 軍共約十萬人分駐陽江、雷州半島及北海一帶，徵集漁船及機動帆船，積極作渡海犯瓊之企圖，而潛伏海南之土共馮白駒所部約兩萬餘人，亦俟機策應。

　　我海軍總部鑑於海南島之情況日趨緊張，特派海軍少將王恩華組編第三艦隊，以保衛瓊島。匪於三十九年春，曾以機帆船數

十艘，先後進襲瓊島多次，均為海軍艦艇殲滅於海上。

三十九年夏初，海南島天氣漸趨平穩，且海峽間成有濃霧，有利於匪之進襲，海總部為加強第三艦隊之戰力，於四月間將太平軍艦暫編入第三艦隊之戰鬥序列。

三、我軍作戰計畫部署

共匪為達其侵瓊之目的，於雷州半島之滘尾灣、海安灣一帶麕集大批船隻，俟機進犯，並於滘尾角與海安兩處架設長射程巨砲以掩護其渡海行動。

我為確保海南，防匪利用昏暗天候偷渡，乃將各艦分布於舖前灣、澄邁灣、馬裊港及黃龍灣一帶警戒，並以一部艦艇控制於海口灣作機動之巡邏，當時我之兵力計有太平、潮安、永康、永寧、中訓、美頌、美宏、五指、驅潛一號等艦。

四、作戰經過

三十九年四月十六日晚，匪船三百餘艘分為五、六股自滘尾、海安等處出發，向瓊島進犯，王司令是日參加防衛部會議未及返艦，命令本人指揮各艦截擊渡海匪船，當晚天候昏暗，視界不及二千公尺，我艦利用雷達之優良設備，衝近至最有效距離，以盛熾火力掃蕩匪之船團，並採用飄忽照明戰術外線機動行動，使匪迷亂其射擊方向，集中火力向我還擊，甚至使一部匪軍發生混戰，相互自行射擊，而我艦所發射之照明彈，將匪船顯露無遺，有利我砲之射擊，我艦往返縱橫掃蕩，雖擊毀匪船百餘艘，但我艦過少而匪船眾多，率為其於臨高角、馬裊灣一帶登陸。十七日晨我空軍出動轟炸登陸匪軍，並協同我艦掃蕩殘餘海面匪船完畢後，太平艦即將傷亡官兵送赴海口治療，並接王司令登艦

指揮。十八日晚王司令親率太平、永寧、潮安、永康等艦掃蕩澄邁灣、臨高角一帶海南匪船並阻其返航。十九日晨復率太平艦突擊滘尾角並擊沉匪船十餘艘，我太平艦遭岸砲猛擊，亦傷亡官兵十餘人。

此次戰鬥之激烈，為戡亂期中所僅見，蓋匪此次進犯實為孤注一擲，故使用其一貫慘無人道之人海戰術，驅使不諳水性之陸軍，乘其簡陋之帆船與現代化之軍艦作戰，我海軍官兵亦明知此戰為海南島安危之所繫，靡不奮勇有加，十六日晚雖曾激戰一整夜，而精神始終旺盛。

十六日晚我艦進擊匪船團，屢將其外翼隊形衝散，一部匪船紛紛後退返航向北逃竄，惟被後方壓陣之匪船掃射，迫使其冒死復行前進。我太平艦為使其火砲發揮最大之威力，有效殲毀匪船，曾迫近至一千公尺以內開火，雖亦蒙受重大損害以至傷痕累累，傷亡枕籍，但毫不足動搖我官兵冒險犯難殲滅匪寇之決心，而其中如艦務官羅俊坤中尉及上等兵王克湘之光榮殉職，士兵柳玉超、姜守範等負傷不退，堅守崗位，在在表現革命軍人之精神，至足稱道。

五、戰鬥後狀況

是役我擊毀匪帆船及機帆船百餘艘，擊斃共匪六千餘人，我太平艦陣亡官兵各一人，受輕重傷官兵二十餘人，王司令並於斯役頭部受傷，太平艦艦體被擊損大小傷痕百餘處，水線附近亦被擊破數處，但當時即為艦上損害救護班堵塞修補，兩度發生火災並為救護班撲滅，又電機起動馬達一部被擊毀，亦經作應急處理，均無礙該艦之航行安全與戰力。

海南島地區遼闊而我陸軍部隊兵力又復過少，分佈各區且處

處設防，兵力愈形薄弱，加以土共潛伏遺患心腹，此次我艦隊雖痛殲匪軍，但未能阻其登陸，遂得與土共策應，迫使我軍撤出海口，進而撤出整個海南。

六、檢討

　　我海軍船隻既少，復於沿島各灣分佈艦艇警戒，雖便於監視匪情，但有使兵力分散未能發揮編隊之強大戰力，以雷霆萬鈞之勢一舉而將匪船擊滅，陸軍亦陷同樣覆轍，到處設防，到處薄弱，且又被土共牽制，無法集中優勢機動兵力，遂得為匪強行登陸。

　　根據匪渡海船團所編之隊形，其前後及兩側翼均配有火力船以資警衛，而進入泊地後，亦於適當距離控置火力船以阻我艦接近，又各火力船均裝 37 戰防砲及 25 機砲，在近距離作戰實予我艦相當損害，實為今後對匪之陣形及戰術有詳研對策之必要。

　　海南海峽實約十浬，匪在滘尾角、海安等地架設長射程巨砲控制大半個海面，予我艦以重大威脅，既拘束我艦之活動範圍，復掩護匪船之行動。此次匪之得以達成渡海之目的，實為其中一個要素。

　　海南保衛之戰，實為今後島嶼戰爭中對共匪作戰一個最好的借鏡，其作戰過程之優缺點應澈予改進。

● 郭勳景
作戰時級職：海軍永寧軍艦中校艦長
撰寫時級職：〔未填寫〕

作戰地區：瓊州海峽

作戰起迄日期：39 年 4 月 16 日至 20 日

海南島戰役

時間：民國三十九年四月十六日－二十日

地域：瓊州海峽

氣象：晴天晨有霧

匪軍：匪軍乘大帆船數百隻，於十六夜由雷州半島渡海峽登陸
　　　海南島浦前港一帶。

我軍：第三艦隊軍艦五艘擔任海峽巡防任務，加以阻擊。

經過：

　　瓊州海峽寬度僅十四海里許，帆船渡過約需二小時，匪於
十六日夜用船海戰術，以大帆船數百隻渡海峽登陸，我艦雖予猛
烈攻擊，損毀其一部，但登陸終屬成功，然以後之增援帆船之渡
海，均未得成。

　　匪登陸後，帆船數百隻密集灘頭，十七日晨我艦永寧、永康
二艦（本人為永寧艦長）駛近加以猛烈轟擊，被破壞者達三分之
二。匪於當日夜間，即將未損者數十隻，散置海岸。

　　十九日上午十一時，本艦（永寧）收聽到匪無線電話，係已
渡之匪向雷州半島匪請求增援說：「大部給養被破壞，請即增
援。」雷州半島之匪答說：「一點鐘有三十隻船來援。」當即電

報艦隊司令部，並加緊監視，準備攻擊。下午一時未見有匪船渡海，乃判定為當日夜間，日落後，發現雷州半島之燈樓角與海南島之浦前港，對海各有亮燈二處，匪船將於此間渡海甚為明顯，隨即電報艦隊司令王恩華少將，我艦隊艦隻集中於兩亮燈間之海面上，準備攻擊。夜十二時許雷達發現匪帆船群南駛，當即加以猛烈攻擊，擊破十餘隻，其餘逃返雷州半島，二十日晨尚有數隻破帆船及匪海上救生工具甚多在海上漂流，未見匪屍，十一時再度聽到無線電話，要求增援而被拒絕之情形，以後則未再聽到，亦未發現有匪船渡海，直至二十二日為止。

心得及教訓：

一、寬度不大之海峽，使用多數帆船於夜間渡海登陸，容易成功，此種渡海與渡大河作戰相似。

二、少數軍艦不可能阻止大帆船群，尤其在夜間，渡過寬度不大之海峽。

三、軍艦攻擊密集灘頭之帆船群，可予以甚大之損害。

四、由撈獲之匪救生工具研究，利用竹節製做救生圈及儲淡水器等，充分利用當地物資，值得注意。

五、海峽多大沙魚群，落水匪軍多為所食，撈獲俘虜極少。

六、使用無線通信，最易洩密。

七、艦隻密集灘頭，遭受攻擊，損失最大。

八、帆船渡海，重兵器不能隨到，登陸後不防衛灘頭而遭受攻擊。

● **錢詩麒**
作戰時級職：海軍美頌軍艦少校艦長
撰寫時級職：海軍兩棲訓練司令部上校副主任

作戰地區：瓊州海峽

作戰起迄日期：39 年 4 月 16 日至 20 日

參加海南島保衛戰經過及心得報告

　　自從三十八年十月中旬，海軍艦艇掩護友軍部隊執行華南區的戰略總撤退以後，海南島便成為海軍封鎖粵海的重要基地，雖然該島距雷州半島僅一十餘浬海峽的間隔，在防禦上相當困難，可是在軍事上卻有其特殊的價值，不但可作封鎖粵南海岸的泊地和反攻大陸的跳板，而且可阻止國際共匪更進一步在越南的蠢動。當然朱毛匪幫更清楚海南島地位的重要，早有奪取該島的陰謀和決心，因此，從三十九年年初開始即不斷使用武裝機帆船隻實施渡海偷襲。此種偷襲前後共達十二次之多，其中最大規模的一次，亦即第十二次是在四月十六日的夜晚，匪以武裝機帆船約四百餘艘編成七、八個船團，使用箭形陣勢自雷州半島南岸各集結地分渡海峽，向瓊島航進。共匪此一行動早為我守軍所意料，故於事前均已作萬全的準備，海軍艦艇在司令王恩華將軍指揮督戰下，慎密佈署於海峽各處，予來匪以迎頭痛擊。當時本人適任美頌軍艦艦長，駐防海口，是晚奉命擔任港口警戒任務，未出港參加戰鬥序列，至今回憶仍引為憾事。是役整整鏖戰達三十六小時，戰況空前激烈，戰果豐碩，匪船犧牲達二百五十艘以上，匪軍傷亡計一萬五千名左右。

　　同月十九日本艦奉令單獨駐防臨高角，封鎖海上交通，監視

雷州半島匪軍偷渡行動，二十日清晨巡役海上時，雷達發現匪大型機帆十數艘企圖偷渡海峽，接濟海南島、五指山土共物資，本艦即行追擊，作戰結果，除擊沉匪船兩艘，捕獲一艘，生擒匪幹五名外，其餘船隻均於黎明前紛紛竄返基地。經此二役，本人深覺以艦艇砲火對匪機帆船團作戰，仍難以達成澈底殲滅敵人的宏效，因機帆船多為不沉船，且對於潛伏船底匪兵，殊不易消滅，加以匪慣用人海船海戰術，更利用夜間偷襲，想將匪整個船團全部擊潰，似不可能。今後為防範匪仍採用同類戰術和戰法，侵犯我外圍其他基地、島嶼，對匪所運用的人海船海戰術以及夜間作戰的慣例，唯有從火海戰術方面著手研究，謀求對策，同時三軍更應特別加強夜間作戰訓練，研究如何限制匪的夜戰，和我大兵團的夜間使用，以夜戰來打擊匪的夜戰，以攻擊來打擊匪的攻擊，如此才能克敵致果，百戰百勝。

● 齊鴻章
作戰時級職：海軍第三艦隊兼代司令
撰寫時級職：海軍士官學校少將校長

作戰地區：海南島

作戰起迄日期：39 年 4 月 22 日至 5 月 1 日

海南島撤運海軍指揮系統表

總司令桂上將

第一艦隊參謀長
兼代第三艦隊司令
海軍上校
齊鴻章

太和軍艦—旗艦　太平軍艦　永寧軍艦　永康軍艦　潮安軍艦　美宏軍艦　美頌軍艦　中訓軍艦　五指軍艦　中權軍艦　中榮軍艦　中建軍艦　武功軍艦　普陀軍艦　大明軍艦

配屬擔任撤運任務

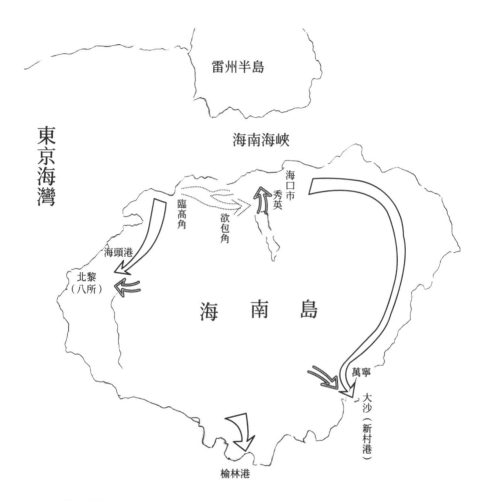

海南撤運經過

一、概述

　　海南島之軍事歸由海南防衛總司令部負責指揮作戰，海軍方面派第三艦隊司令王恩華率令太平、潮安、永寧、永康、中訓、美頌、美宏等艦及原駐該島之五指、驅潛一號、砲廿六、砲七十、海碩、差九及差一一三號等艇奉命擔任封鎖瓊島海峽及巡

邏任務。

　　至卅九年四月十六日夜間匪於雷州半島發動渡海偷襲，王司令於十九日指揮截擊匪船時受傷治療，職適於駐地基隆舉行海上演習，中午奉命帶太和艦赴海南島增援，隨即中止演習，駛往海南，於廿二日上午九時半趕抵海口市受命兼代第三艦隊司令執行任務，嗣後有中權、中榮、中建、武功、普陀、大明等七艦抵達海南島各港口。

二、作戰前之情況

　　卅九年四月十六日夜間匪利用黑夜掩護發動船團四百餘艘，經我太平、潮安、永康、美宏、驅潛一號等艦艇往返截擊，當時毀其半數，仍有部分鑽隙駛抵瓊島北岸，自臨高角迄林詩港一帶海灘，匪軍獲得登陸者約八千餘人，即於該處建立灘頭，並指向海口市進竄。匪軍登陸後，經我陸上友軍連日圍剿，傷亡慘重，復經我海上艦艇繼續攔擊，阻其後援，匪在彈盡援絕情形下，殘餘部分已不難就殲。不意四月廿二日上午，原負策應登陸之馮匪第三師一小股由山內北竄直抵那流（秀英西南），夾攻我陸軍平頂山陣地之背，於是我瓊北線乃作主動撤退。

三、我軍作戰指導

　　四月廿二日瓊北陸上友軍已開始全部向南轉進，職於廿二日率太和艦抵達海口市後，受命兼代第三艦隊任務，隨即依指示將目前駐瓊島海軍艦艇部署，將一部分兵力分駐瓊島海峽，繼續封鎖海航道，截斷匪軍增援，一部分兵力巡邏東西沿岸，藉以掩護友軍後撤，防止土共途中襲擊。

　　至四月廿五日奉總司令卅九卯敬 2000 榆電指示：「瓊島業

已決定撤退，惟掩護友軍集中及封鎖海峽，減少匪對友軍壓力，並使我榆林基地得以從容撤退，我艦艇責任至重，尚希繼續努力，小心謹慎，用竟全功。」

四、駐瓊島兵力部署

　　一、太平、永康兩艦擔任海峽西、東兩口，阻止匪後援部隊通過海峽。

　　二、永寧、五指、海碩擔任瓊東沿岸掩護任務。

　　三、潮安艦及驅潛一號擔任瓊西沿岸掩護任務。

　　四、中訓、美頌、美宏、陽明等艦分別在海口市及榆林港撤運人員及物資。

　　五、另由台灣派中建、中權、中榮於四月廿四日前後駛榆林撤運物資、人員。

　　六、大度、大明、武功、普陀等艦分別拖各差艇。

五、撤運經過

　　一、第一階段－海口市撤退

　　　　自四月廿二日島上土共竄抵那流後，海南防衛部決定下令作主動撤退，陸軍守運分二路沿兩岸南下，並限於四月廿二日下午二時前全部撤離，是日由總司令召集指示掩護海軍、陸軍陸上單位撤運及職艦隊掩護方針後，即由中訓、美頌、五指於秀英港執行撤退，任務迅即行動，旗艦太和擔任掩護搶運憲兵一團官兵二百餘人，國防部調查組暨保密局、防總官兵五百餘人，廿二日一六〇〇裝載完畢後，至港外掩護友軍登輪，並由太平巡弋臨高角一帶，美頌巡弋玉包港，驅潛一號封鎖瓊峽西

（二）瓊島戰役 ┃ 77

口，永康、潮安、永寧巡弋臨高角一帶及瓊峽東口，廿三日○五三○全部裝載完畢，離海口分向清瀾港及榆林港集中，中訓艦並拖砲廿六及差九兩艇駛往榆林港。

秀英港於全部離港後，即以不克航行之砲七十、登四六三及機帆船一號，經拆卸後淤塞港口，旗艦太和最後任務完成後駛離海口。

二、第二階段－瓊東及瓊西撤運

一、瓊東撤退

自海口撤離後，職仍部署艦艇封鎖海峽航道，堵其後援，以斷接濟，並於兩岸掩護友軍南下。

海峽方面由太平封鎖海峽西口，永康封鎖東口，職指揮太和艦巡弋海道及雷州半島附近水道，防匪突擊。友軍方面，第一及第二路軍主力自四月廿二日開始沿文昌、嘉積、萬寧線南下，職艦隊由潮安、永康、永寧三艦及差一一二、光強、海碩沿岸掩護。四月廿三日第一路軍所部於萬寧東南之烏場港、東澳港會集，第二路軍於陵水西南之新村港集合分登商船海商、利民、中108、中109、中112、中117等六艘，於廿九日裝載完畢，離港返台。四月廿七日商船中109於烏場港裝載時，曾遭岸上匪砲襲擊，幸由永康艦以密集砲火轟擊匪砲陣地，使該輪得以脫險，並完成任務。

二、瓊西撤退

原駐臨高角之友軍第三路軍，自四月廿二日起沿新英港、海頭港、北黎港線撤退，沿岸由太平、潮安二艦及驅潛一號、差一一三等艇於海上掩護撤退，

旗艦太和亦於四月廿五日抵達八所，奉總司令諭派
與第三路軍司令官兵聯絡撤運步驟。本軍陸上單位
有瓊西巡防處、無線電台第五分台，由差一一三撤
赴榆林港，友軍方面由台安、台中、海穗、海粵等
商船於五月一日撤離完畢。五月一日晨匪曾由八所
飛機場東北向我在撤退中之陸上友軍進攻，由我太
平艦砲擊匪軍，掩護友軍裝載，並破壞岸上設備及
友軍遺留之機帆船十餘艘。

三、第三階段－榆林港撤運

瓊北方面戰局逆轉後，陸上友軍除向萬寧及北黎合集登
輪外，餘均在榆林港集中，四月廿九日開始撤運，並實
施破壞港口設備。友軍方面第四路軍分由商輪永澤、
海平、秋瑾、利華、鐵橋、灤州等輪於卅日晨離碼頭。
四月廿九日海軍有中榮、中建、普陀、大明等輪由台灣
抵達榆林港撤退人員及物資。職奉總司令令破壞港內設
備，即於四月卅日指揮太和艦砲擊油庫，當即燃燒起
火，午間砲擊於先佈置作為封港不堪使用之中條艦及中
一一二號登陸艇，隨即沉毀於航道中，達成封港目的。
是時匪已迫近海港，以匪砲向職旗船射擊，經以三吋砲
火還擊，匪陣地被我命中毀摧。是日午後繼續砲擊岸上
設備，最後於二時卅分砲擊等補給區遺留之彈藥約四千
噸，命中爆炸達五小時。五月一日晚六時總司令以海南
撤運已告完成，親率職艦駛赴萬山群島繼續部署，加強
粵南群島防衛，展開另一任務。

六、檢討

匪軍方面

匪能憑藉設備簡陋之機帆船，實施十次以上橫渡十餘浬海面作戰，其決斷可謂澈底，其所憑取之處是在兵力之充足而不顧及犧牲之代價。

我軍方面

1. 執行防禦性任務時，仍須隨時利用各種手段偵取敵情予以處置，應有殲敵於接戰之前，此次匪於雷州半島集結大批機帆船，當時應利用我方優越之海空軍，予以發現轟炸，或聯同海空軍擊毀其渡海工具，則匪無法可以活動。

2. 摧毀匪岸砲陣地，匪因海軍艦艇缺乏，常於岸上裝置大型砲位以控制海面，以限制我海軍艦艇之活動。

3. 肅清內匪，此次匪發動渡海攻勢，我海軍艦艇往返截擊，尚有部分漏網登陸，以我當初兵力當不難就殲，不意原匪藏山內之匪發於響應，以致背面受攻，影響我軍部署，以致失利。

4. 租用或徵調之運輸船團，應由聯勤交由海軍方面派人負責指揮，以便與海上巡邏艦艇擊以及裝載。

5. 陸軍部隊實施海上裝運時，應經常予以機會訓練，尤其來日配合反攻大陸時，更屬迫切需要。

七、戰鬥後狀況

自四月廿二日職兼任第三艦隊職務擔任掩護撤運工作之際，曾於四月廿八日率旗艦至臨高角沿岸一帶匪灘頭擊毀帆船廿餘艘，於黃龍港沙灘一帶摧毀匪補給船卅艘。四月廿七日永康艦於烏場港掩護一、二路軍撤退時，擊毀匪來犯砲兵陣地一處，使中

109 號安全撤退。四月卅日職旗艦於榆林港內擊毀匪砲兵陣地一
處。五月一日太平艦於八所港掩護第三路軍撤退時，擊退由飛機
場東北入侵之匪軍三千人，使我友軍三萬人得以從容安全撤退。

海南島位為中國海疆南部，部分海港位置優良，以榆林港介
於越南、菲律賓兩國之間，為航運要道，一旦為匪所控制則來日
可作侵略東南之根據地，如遇有戰時，亦將威脅沿海各國之航道
安全，惜為匪所獲。然此次榆林港內之設備經予徹底破壞，港
口予以滿裝水泥之中條艦沉塞，使匪需若憑若干時間方可恢復原
狀，同時海軍方面儘最大努力掩護我友軍離，為我來日反攻事擊
保存一部分可觀之力量。

● **黃紹容**
作戰時級職：海軍中建軍艦少校副長
撰寫時級職：海軍新高軍艦中校艦長

作戰地區：海南榆林
作戰起迄日期：39 年 4 月

海南作戰榆林撤退詳歷心得
一、作戰部隊
（一）本軍所屬各型艦艇
（二）當地陸軍作戰部隊

二、作戰前狀況
　　匪侵入華南，乃進迫海南島，由海峽偷渡先進犯海口得手，後續沿陸上進迫榆林。我為保持實力計，乃實行將該地兵力撤返台灣或轉移至萬山群島一帶外圍島嶼上。

三、我軍作戰指導
（一）我海軍以作戰艦於榆林海面以砲火支援，部分作監視，阻止匪沿海岸進犯之行動，部分以火力制壓匪向榆林之進展，以掩護撤運之實施。
（二）以登陸艦艇、運輸艦，以商輪等進入榆林港內靠泊，搶運物資及人員。

四、作戰經過
　　本艦於當日（日期記憶不清）奉令進入榆林靠碼頭，以裝載

造船所及當地軍區之人員、物資，於午間進入直至深夜始行離港，是時碼頭上一片混亂，物資大半因無法維持秩序，且謠言四起，放棄起運，上峰頻促人員登艦，秩序大亂，且槍聲砲聲以及炸彈聲火光等四起，後有一艘招商局之中字號登陸艇擱淺於航道附近，人員因恐不及撤離，紛紛乘舢舨或竟跳水游離該船，因而益增恐怖心理。翌日因恐該船留為匪用，並曾以作戰艦砲轟該船，情形相當狼狽。本艦於離港後，於港外下錨，繼續以小艇接運因上船不及而逃至港外岸邊之人員至艦上或其他商船上，為時竟日，汽艇人員均筋疲力竭。據悉當時匪艦未進抵榆林，前日晚上之狼狽情形乃受匪諜之謠言及人心浮動判斷不確所致，直至翌日下午本艦始奉令駛台，中途經香港附近時，英機竟對本艦作示威性之俯衝飛行，本隨即備戰並以砲口對準英機，乃未敢再作此可惡之示威行動。

五、戰後狀況

　　以海軍艦艇言，可說是無一傷亡損失，但當地之物資設備以及陸軍人員物資則損失慘重。

六、檢討

（一）優點

（二）缺點

　　（1）軍事上對匪之行動估計過低，致臨時實施撤退之作
　　　　準備欠週。

　　（2）保密防諜做得不夠，匪似事前獲悉撤運行動，而匪諜
　　　　到處活動及製造謠言等，又無有效制止之措施。

　　（3）判斷錯誤，匪之進展並不如推想之速。

（三）經驗教訓

　　1. 計劃欠週，成功機會就少。

　　2. 情報不確，破壞及掩護人員撤離過早，因之艦船之撤運未能作最澈底之搶運工作，甚而有空船而返航。

　　3. 在撤運中爆破或焚燒物資設備之先後應有計劃，並須考慮對交通及心理之影響。

　　4. 撤運最重秩序，因之軍紀良好與否關係至大。

　　5. 對英國人有時須以強硬態度對之，否則其必得寸進尺，甚而會干涉阻礙及我之行動可能。

（四）改進意見

　　1. 除內用港內碼頭外，於港外應築臨時登陸碼頭以利撤退。

　　2. 保密防諜應加強。

　　3. 情報搜索應加強。

　　4. 對爆破及燃燒之措施儘可能於最後行之。

　　5. 對撤運之軍紀，事前應使部下有深刻認識與了解，於執行中並應要派維持軍紀人員。

● 何恩廷
作戰時級職：海軍陸戰隊第二旅第四團中校副團長代理
　　　　　　團長
撰寫時級職：海軍陸戰隊第一旅上校旅長

作戰地區：海南島榆林港附近地區
作戰起迄日期：39 年 4 月 25 日至 30 日

戡亂海南榆林戰役
一、概述

　　海軍陸戰隊第二旅第四團，原乃海軍陸戰隊第二師第六團，
民國卅八年春於上海成軍，是年五月上海淪陷前遷台，旋於六月
初移駐海南島之榆林港及三亞地區，擔任海軍基地警衛並整訓。
團轄團部及團部連、通信連、以及三個步兵營，每營轄勤務排及
特種兵器排各一，及步兵連三，機砲連一，全營約 700+人。每
步兵連轄步兵排三，六○迫擊砲排一，約 150+人。每機砲連轄
重機槍排二，八二迫擊砲排一，約 140+人，重機槍六挺，八二
迫擊砲四門。一般使用之槍械及裝備，乃中、美、日兼有，頗不
統一。三十八年十二月改編為海軍陸戰隊第二旅第四團，並將步
兵第二營調返台灣訓練。卅九年二月第一營奉調南山衛擔任防
務，斯時本團除受駐台之旅部指揮外，兼受駐榆林港之海軍第二
軍區司令部之指揮。卅九年四月中旬，適海南島北部戰役失利，
團長耿繼文仍留台受訓未返，余任副團長，奉令指揮本團留榆部
隊及海軍警衛第二營（欠一連）擔任掩護撤退任務。

二、作戰之狀況

　　卅八年冬，大陸全部陷匪，海南島仍為我軍據守，匪迭次進犯未逞。卅九年四月，匪林彪部之四四軍由廣東之雷州半島復渡海來犯，於瓊北之海口迄臨高間地區普遍登陸，始則我軍優勢，困匪於灘頭，已屆迫降。詎我軍側皆遭島內潛匪馮白駒部奇襲，終為所乘，我軍反陷不利。政府為確保台澎，保存反攻實力，乃決策放棄海南，所有部隊向該島南部轉移，分別撤退，匪則逐步進迫，斯時本團仍駐於三亞及榆林港附近。

三、我軍作戰指導（附戰鬥前部署要圖）

　　卅九年四月廿五日本團奉到掩護撤退之任務後，即著手計劃撤退事宜，當時之重要作戰指導如左：

1. 團（欠第一、二營）及海軍警衛營第二營（欠一連）藉海軍艦砲及要塞火力之支援，防守榆林港附近地區，掩護我海軍陸上各單位及友軍之安全撤退，並協力有關重要物資之搶運。

2. 以第三營第七連進駐榆林港以西之東瑁洲、西瑁洲二島，控制該島之要塞第七台，屏衛榆港之西部，兼防該島被匪竄據。以第九連進駐港口東岸之安游地區，警衛該處之重工業及廠庫之撤退，並警戒榆港東側之安全。又以部分兵力分遣至榆港要塞第六台，擔任掩護。第三營（欠）及海軍警衛第二營（欠）位於榆林港西部之碼頭區附近，佔領要點，形成縱深防擊，確保碼頭區之安全。

3. 團部及直屬部隊除留必要之勤務人員外，其餘人員及物資一律登艦。

4. 抽調可能之人力，協助要塞及海軍陸上各單位，搬運重要械彈及物資等登艦。

5. 對不能遷移之重要設施，派員偵察，並作破壞之準備。

四、作戰經過

　　團（欠）按上述作戰指導，部署兵力，並進行所要之工作，於四月廿九日我海軍駐陸上各單位及要塞等之人員與重要物資，均已安全撤運完畢。是夜匪先頭部隊進迫紅沙以北附近地區，且紅沙之彈藥庫發生爆炸，該方面頗呈混亂，榆港北面受脅，我海軍艦艇乃全部離港。卅日凌晨，我友軍陸軍第六十三軍殘部撤退至碼頭區，乃予收容，並掩護其撤退，1000 時有股匪由紅沙經榆林鎮向我進犯，安游以南山地，匪以迫擊砲向我陣地猛擊，旋被我艦艇制壓，我第一線亦擊退來犯之匪，遂即撤守至△198 高地迄漁樂村之線，同時將碼頭設備、造船所、第二軍區駐地、要塞設施及彈藥庫一座，按預定計劃予以爆破及焚燬，兼阻敵之迫近。安游當面由第九連掩護並將該處之鐵工廠設備及儲油庫等破壞後，先行撤離，第三營主力，掩護海軍警衛第二營先行撤退，然後在敵火下以小船駁運，逐次掩護撤退，登艦後，即往東、西瑁洲二島撤運駐該島之第七連及要塞人員。是日我艦砲繼續對陸上重要設施行破壞射擊，五月一日向南山衛開航。

五、戰後狀況

　　此次掩護撤退作戰，我軍僅有數人負傷，但未失一人一槍，敵人之傷亡不詳。在政府方面觀之，以當時我政府僅存台灣及海南兩島狀況下，海南之撤退，不啻又失疆土之豐，似以更趨困境，然實則以確保反攻基地之台灣，而澈底集中兵力觀之，先求不敗之地，次及整軍，再求反攻，實為允當之舉。我海軍前故司令桂永清上將，當時亦親率艦隊蒞榆林港指揮，俟我掩護部隊全

部撤退登艦後，當即向總司令面陳作戰經過，總司令頗表滿意，曾當即面加讚許，彼且興奮而感慨的說：「在敵火之下，仍能作安全有序之撤退，而未失一人一槍，殊為難能可貴」。

六、檢討

1. 我軍優點缺點

    a. 計劃尚屬週密，並能按照計劃執行，致任務達成比較圓滿而安全。

    b. 能於較短之時間及有限之兵力，一面擔任防守任務，兼服搶運物資工作，甚至將既設房屋之木料及鐵皮等均拆運一空，並能時行澈底之破壞，使敵一時無法利用。

    c. 我兵力雖少，但能沉著應戰，擊退來犯之匪，並能掩護及協助多數陸軍之撤離。

    d. 我通信聯絡，初時相當確實，指揮靈活，但最後我海軍信號台之撤離未予通知，以致當本部撤退時，既乏船隻，又無法與艦隊取得連絡，故艦隊方面對我陸上部隊曾一度造成情況不明，幸賴我以預置之小帆船，航往艦隊泊區取得連絡。

    e. 我陸軍部隊數量雖多，但因彼等係撤退之故，且乏指揮官之領導，故士氣低落，不但毫無戰志，甚且潰亂異常，蝟集於漁樂村附近之灘頭，爭先上船，秩序紊亂，曾一度影響本部之預定計劃，幸賴本部予以整頓，並掩護其撤退。

    f. 本部撤退秩序良好，未失一人一槍。

    g. 撤退後期，經與艦隊連絡，曾派數艘 LCVP 接運，以致撤退迅速，我艦砲對安游匪迫擊砲陣地予以制壓，頗著成效。

2. 經驗教訓

    a. 我能預先控制大型帆船多艘及小型帆船數艘，以致在未與艦

　　隊恢復連絡前，成為唯一之運輸工具，及與艦隊連絡之媒
　　介，並能及時主動先撤離部分部隊，此點頗有彈性之價值。

b. 敵前之撤退，尤其是離陸撤退，必須有優勢之海空軍予以掩
　　護，並須預為週密之協調計劃，此次撤退，敵之進迫雖未見
　　積極，而我方亦缺乏週密火力支援計劃。

c. 擔任掩護之部隊須戰力堅強者，且須軍紀良好，實具三信心
　　者，始能沉著固守，但亦須盡力預為任務達成後撤退之準備。

d. 撤退之行動，亦免陷士氣於低落，此時指揮官更宜沉著，而
　　指揮若定，並在最後撤離，則部隊心理亦將隨之趨於穩定，
　　此次戰役，余即最後離陸，故秩序井然，士氣振作，毫無惶
　　悚之狀，此其效也。

e. 掩護離陸撤退之任務，甚為艱鉅，既須努力達成任務，以掩
　　護主力之安全，而予任務完成後，又須盡力講求本部脫離之
　　手段，故應盡諸種手段蒐集敵情，並有週密之計劃及彈性。

f. 離陸撤退時，情況如有突變狀況，海軍艦艇與陸上部隊之通
　　信連絡，則應盡力確保，俾能及時支援，並當握撤離之好機。

g. 對於士氣瓦解潰混之部隊，除應予以收容外，並應迅予心理
　　之安定，及軍紀之維持，此次陸軍六三軍部隊擁泄於灘頭，
　　爭先上船，混亂已極，影響其他守衛部隊之心理甚大，幸經
　　本部及時予以宣慰，並協助其整頓，始服從指揮，按序上
　　船，故此時精神之效力，尤貴一切。

榆林港附近要圖－敵我態勢
（民卅九年四月廿五日－四月卅日）

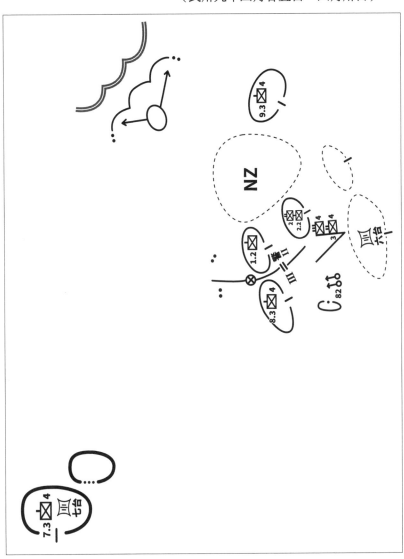

榆林港附近要圖－作戰經過

（民卅九年四月廿五日－四月卅日）

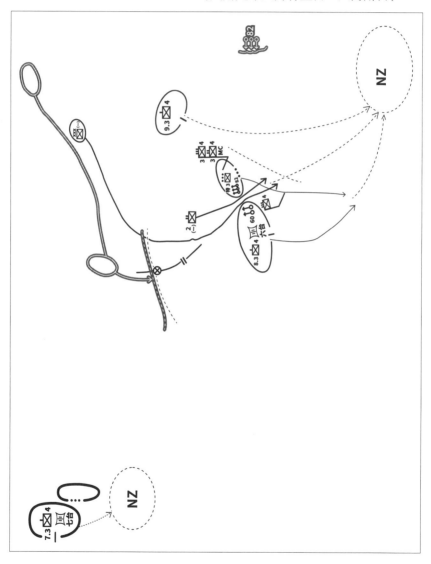

榆林港附近地形圖

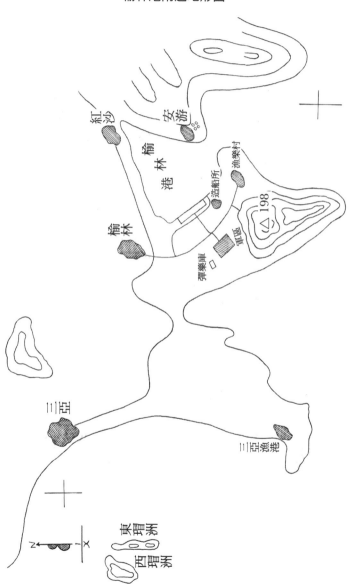

● 謝克武
作戰時級職：海軍中建軍艦中校艦長
撰寫時級職：海軍上校

作戰地區：海南島

作戰起迄日期：39 年 4 月 30 日

剿匪作戰心得

海南島作戰

一、日期

　　民國卅九年四月卅日

二、作戰紀要

（一）兵力：中建軍艦及第三艦隊屬艦等

（二）任務：最後撤運榆林港國軍。

（三）敵情概要：匪軍已佔有全部海南島，國軍數萬人僅據榆林
　　　　附近。

（四）經過概要：

　　　　中建艦受命之時，駐防馬祖，於是兼程而往榆林，航行六
　　　　晝夜，於晨到達外港拋錨待命，總部電令僅速駛榆林，未
　　　　說明任務及向何人報到，唯到達時接信號台通知外港拋錨
　　　　待命，因見港內船艦集中，判係轉進而已，乃作必要準
　　　　備。十時許桂總司令親臨，小輪出港靠本艦，命即進內
　　　　港，遂即啟舵進港，而港內商輪又外出，港道極窄，並
　　　　不容二船並行，迫不得已冒險後退，又由桂總司令座艇進
　　　　港通知該輪讓路，始得安全入港，靠碼頭裝載砲彈及造船

廠機件，軍區司令部派參謀長關世傑蒞艦主持，據告本艦2400應出港，次晨0100開，破壞彈庫及碼頭，本艦主要任務除撤運物資外，為裝載最後撤退之本軍陸戰隊。黃昏榆林市面已亂，退下散兵雲集，2300所有各船艦均已離港，碼頭秩序無法維持，友軍部隊蜂擁上艦，據云匪離市區已八公里。2330彈藥庫先行爆作，內港已為破片籠罩，守市區之憲兵自行登艦，而本軍陸戰隊尚在碼頭無法登艦，余請示關參謀長，據示自行處理，余乃盡量裝載人員，放棄岸上未裝物資，於0130離港，並通知岸上陸戰隊轉向港口運動，本艦派小艇往接。出港後即在港口拋錨，清查艦上各部隊，一面將其轉送商輪，一面接運陸戰隊官兵。0330匪砲已射擊港口，至使商輪中103於港口愴惶擱淺而放棄，余使小艇前往營救其人員，嗣後見外港右岸集結國軍極多，乃速派以小輪二艘泊於遠處，本艦小艇靠岸駁運。為策安全，本艦亦向附近移動，自黎至晚2200，約計以LCVP二艘，救下官兵三千餘人，直至匪軍到達，灘岸已無我軍人員始撤。

三、心得

（一）大軍統帥應有足夠與優秀之隨從幕僚，桂總司令親於座艇出港指揮艦隻，精神堪為後人欽佩，但幕僚應建議運用信號，可以發生同樣作用，而免貽誤其事，損失時間。

（二）大軍行動周詳計畫而密切協調實屬必要，此次行動顯示缺乏計畫，且與友軍協調不夠，以至本艦到後，無命令指示，損失數小時寶貴時間。友軍未裝完畢，商輪已全部離港，未至規定時間，彈藥庫先行破壞等，及外港聚集數千

官兵無人顧問，此均計畫不周、協調不夠之教訓也。

（三）上級指揮人員，既奉命全權指揮，即應負責到底，不應臨
　　　危委諸下級指揮官。軍區命參謀長指揮本艦及裝運事宜，
　　　本艦之一切行動即應以參謀長之命令為依據，如參謀長不
　　　能負責指揮本艦，則應區分職責，否則極易產生推諉情
　　　事，使國家蒙受損失。

（三）萬山群島戰役

● **齊鴻章**

**作戰時級職：海軍第三艦隊上校司令暨粵南群島指揮部
　　　　　　指揮官**

撰寫時級職：海軍士官學校少將校長

作戰地區：粵南群島

作戰起迄日期：39 年 5 月 19 日、20 日及 25 日

粵南群島防衛指揮部指揮系統表

粵南群島防衛指揮部
指揮官齊鴻章

- 護湧總隊司令
  - 甘霖 ┐
- 廣東反共救國軍第八軍
  - 張克 ┤
- 突擊第三縱隊司令
  - 黃誠山 ┤ → 游擊隊
- 突擊第一縱隊司令
  - 湯炎光 ┘
- 陸戰隊第四團第二旅第一營
  - 參謀長 何恩廷
    - 工兵兩班
    - 機砲連附特種兵器排
    - 步兵第一、三、八連
- 第二巡艇隊 隊長曹元中
  - 粵秀等砲艇巡艇十三艘
- 第三艦隊司令 齊鴻章
  - 營口艦艦長夏志禧
  - 中海艦艦長程福培
  - 永康艦艦長伍國華
  - 永定艦艦長劉德凱
  - 太和艦艦長齊鴻章（兼）（旗艦）

粵南群島防衛指揮部粵南戰役參戰及傷亡人馬數目統計表

部隊番號		海軍第三艦隊 海軍第二巡艇隊 海軍陸戰隊第四旅
作戰日期		39 年 5 月 19、20 及 25 日
作戰地點		粵南群島
參戰數	官	
	士兵	
	艦艇	5 艦 13 艇
	人數小計	
陣亡數	官	5
	士兵	13
	艦艇	沉艇 1
	人數小計	18
受傷數	官	7
	士兵	45
	艦艇	均有砲傷
	人數小計	52
失蹤數	官	0
	士兵	7
	艦艇	0
	人數小計	7

附記：參戰人數確實資料。

粵南群島防衛指揮部粵南戰役俘虜鹵獲數量表

部隊番號		海軍第三艦隊 海軍第二巡艇隊 海軍陸戰隊第四旅
俘虜	官	18
	兵	231
	小計	249
鹵獲	三〇步槍	52
	三〇輕機槍	1
	六五輕機槍	1
	OV 林輕機槍	6
	湯姆生衝鋒槍	13
	司登式衝鋒槍	2
	加拿大衝鋒槍	1
	卡賓槍	2
	九二重機槍	1
	六〇砲	4
	火箭砲	2
	三七平射砲	1
	爆破筒	1
	二號駁殼槍	2
	點四五手槍	1
	勃郎林手槍	1
	土造手槍	1
	三八式手槍	1
	望遠鏡	2
	軍號	1
	游泳袋	1
	三七平射彈	22
	八九擲榴彈	3
	八九擲榴彈偽管	4
	手榴彈	1
	九二重機槍彈夾	470
	發通訊簿	1
	匪軍登陸演習計劃	1
	其他有關	若干

附記：上列匪俘人員武器為我艦艇與陸戰隊協擊後全部為陸戰隊所得之戰果。

粵南戰役經過圖

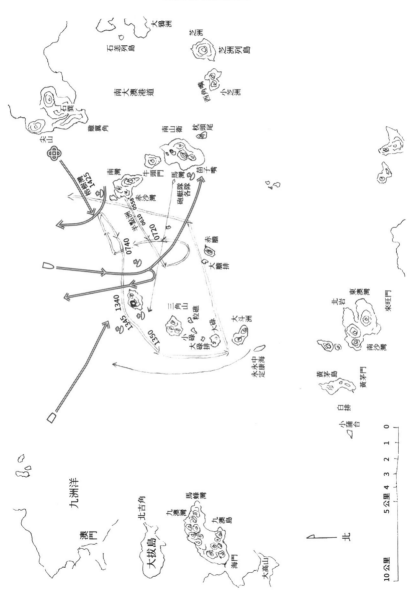

粵南戰役

一、概述

民三十九年四月職奉令代理第三艦隊司令參與海南戰鬥，達成上峰所賦予之任務後，即於五月初率領三艦隊全部艦艇進駐粵南群島，設基地於南山衛（土名垃圾尾），並奉令兼任粵南群島防衛指揮部指揮官，擔任珠江封鎖及保衛萬山群島之任務，在極短時間內指揮各艦艇暨海軍陸戰隊及各游擊隊積極佈署，迅速完成防區之防務。廣州為華南物資集散地，且仰賴於海外或香港之轉口貿易，自三艦隊嚴密監視珠江以還，緊扼廣州之咽喉，幾至窒息，共匪處心積慮欲犯粵南群島以圖掙扎，但懼我海軍聲勢浩大，未敢輕易越步雷池。乃於五月十九日強拉港澳線商輪，混淆我守軍監視，偷渡南山衛本島北方之清洲島，旋為我海軍發現，及時殲滅。匪復於五月二十五日夜擁十倍於我軍之匪眾，循珠江而下，會合澳門、中山方面集匪，大舉進犯，迨我海軍誘敵至有利地區時，職即率領旗艦太和艦及所屬各艦艇四面圍剿，捕捉戰機，予以猛烈攻擊，沉匪艦船，俘虜匪首，斬獲極多，粉碎共匪登陸粵南群島之迷夢。當戰鬥熾烈時期，職雖因指揮艦隊，冒砲火率先衝入匪陣，致右臂中彈骨折重傷，而繼續執行戰鬥任務，使將士振奮效命，充分發揮威力，得使共匪渡江流竄華南，予以當頭棒喝，猖獗之氣焰稍戢，而戰果傳達港澳，使海外人士震驚，能支援我反共抗俄事業之發展，亦告欣慰矣。

二、作戰前情況

海南撤守後，華南沿海盡陷匪方，粵南群島孤懸海中，補給困難，防守不易，加以島嶼錯綜星佈，砥石叢生，艦艇索搜活動常受限制，後以地近港、澳，因英、葡政治原因，英機常飛越領

空盤旋挑釁，海面則有定期商船往還穿梭，常有匪船混跡或作偵察活動，更有非納入組織之另星游擊隊出沒活動。

我海軍第三艦隊進駐粵南群島之主力，計旗艦太和艦，及屬船中海、永定、永康、營口等艦，並附第二巡防艦隊巡防艇粵秀等十三艘及陸戰隊第四團兵力之一部，分駐各重要島嶼，而以南山衛為基地，並設防衛指揮部於此島，以確保粵南群島打擊匪軍任務，職奉命擔任指揮官。此外駐留外圍島嶼如外伶仃、三角、銅澳、老萬山等島有突擊第一、三縱隊、護湧總隊及廣東人民反共救國軍第八軍游擊部隊分別駐守，為求事機統一與協同作戰之預期效果，上項游擊隊統由本防衛部統率。

粵南群島當面之匪軍係匪十五兵團第四十四軍及兩廣縱隊，以攻略我粵南群島諸島為任務，其中四十四軍之一三○師竄據內伶仃迄粵漢路廣九段，一三一師竄中山縣附近，匪一三三師竄據廣州市維持沿安，另兩廣縱隊竄中山縣附近及其西南各縣，伺機攻島，海軍廣東軍區下轄海防、江防、登陸、運輸各艦艇隊共擁各式船艦達四十餘艘，竄據黃埔港、小城配合陸軍演習，積極作進犯準備。其中中南陸營係由兩廣縱隊獨立師第二團全部匪部改編，匪一三一師則在中山縣強徵民船、汽艇等二百餘艘，結集唐家灣一帶配合匪海軍蠢動。五月十九日匪一三一師小股匪部潛入清洲島登陸，惟即為我艦艇夾擊及陸戰隊之反登陸撲滅，以迄五月二十五日匪傾巢來犯，我海軍大獲全勝。

三、我軍作戰指導

五月十九日匪初犯粵南群島登陸清洲島，即為我軍消滅，二十五日匪全力進犯，發生激烈海戰，又為我海軍擊潰，實有賴周詳之部署。

（一）艦艇方面由於五月十九日匪輪偽裝港澳班輪尋定期航線偷渡滲入清洲島事件之發生，洞察匪軍犯島陰謀，乃將防區略予調整，原巡弋清洲以北海面監視港澳航線之治平艇參與十九日戰鬥後調回本島，並劃分清州北海面為二巡區，派砲 25 艇駐清洲西北海面警戒大嶼山英區至珠江口、內伶仃方面之匪，派砲 26 艇駐清洲東北海面專事巡查港澳航線，其他防區大致與十九日部署相同，計永康軍艦率長江艇（游擊隊）駐巡清洲西島及三角島一帶警戒中山迄澳門一帶匪軍，永定軍艦駐巡老萬山附近警戒澳門及橫琴方面匪軍，旗艦太和艦率中海艦及第二巡防艇隊（欠砲 25、砲 26 艇）留南山衛基地戰鬥警戒，並作後備支援。

（二）陸戰隊以南山衛基地為主，本島佈防分四個戰鬥區，另設中心洲防區。南山衛東北屬第八連（欠兩個排），西北區第三連，東南區第一連，西南區即港灣地區配置槍砲連一部附特種兵器排及工兵兩班，中心洲防區屬第二連附砲一排（51 無座力砲二門）及第八連兩個班為預備隊。十九日匪登陸清洲島，陸戰隊曾二次組特遣隊反登陸掃蕩成功，即行返，我軍無損失。至二十五日戰鬥前夕，防區仍舊。

（三）游擊隊之防區分為四區。駐三角洲、銅澳、竹途岸及外伶仃各島為突擊第一縱隊湯炎光部，兵力約六百餘人。駐西澳老萬山、白瀝、大、小芝洲島為突擊第三縱隊黃誠山部，兵力約三百餘人。駐擔擇島為廣東反共救國軍第八軍張克部，兵力約一百人。駐三門、新澎兩列島為護湧總隊甘霖部，兵力約一百五十餘人。

四、作戰經過

（一）五月十九日清洲島反登陸戰鬥經過

匪 131 師 393 團第一營之匪百餘人附平射砲一門、輕武器多種，由匪部參謀長張匪學海率領搭乘強徵之普羅商輪一艘，由澳門附近之灣河出發，偽充商船，利用港澳航線混淆我軍監視，於五月十九日上午十一時許航抵大澳附近，劃為巡弋砲艇治平及砲 25 艇、粵秀等先後發現，均因該輪無武裝異狀所蒙蔽，迨我艇遠巡，乃由大嶼附近折回南行，乘隙竄入清洲島東南淺灘登陸盤據。當時中心洲陸戰隊第二連瞭望哨及巡航之治平艇發覺，即將此項情報送達旗艦。職據報即下達戰鬥命令：

1. 令第二巡防艦隊派砲艇二艘即駛清洲西島，並與永康艦在該區會合，對中山迄澳門附近之匪嚴密監視，並截阻匪後續部隊。

2. 令永定艦率砲 26 艇仍駐原防區，對澳門、橫琴方面之匪加強警戒，並截擊企圖增援之匪軍。

3. 令治平艇對匪攻擊，並嚴密監視待援。

4. 令陸戰隊即派一個加強連之兵力，由第二巡防艇隊派砲艇四艘掩護，向清洲島南淺灘施行反登陸，殲滅該島已登陸之匪軍，其他各連等仍駐原防地加強戒備。

5. 陸戰隊反登陸時，以治平艇及中勝艦之 LCVP 及游擊隊之裕光輪輸送。

6. 陸戰隊兵力抽派登陸點之選擇及攻擊開始時間，統由陸四團何副團長決定，所配屬之運輸及掩護艇隻亦由該副團長指揮。

7. 令各游擊部隊仍駐原防地加強戒備。

為節省時間，即以無線電話口頭宣達上項命令，規定連絡
訊號，並宣示本指揮官之位置，及旗艦太和艦將在清洲東
西面匪登陸處附近海面攻擊匪船，以吸引匪軍火力，掩護
登陸之行動。十六時三十分，職率太和艦到達清洲附近
指揮反登陸作戰，十六時五十分陸戰隊第四團之混合連
（一、三、八連各抽一排組成）在東平、高要、新光、29
艇四艇之掩護及旗艦太和艦在島之東南部牽制匪軍之態勢
下，搭裕生輪及 LCVP 等三艇隻完成反登陸戰，時職即將
戰況電報總部如下：

1. 匪普羅輪已為我太和艦擊中起火，擱淺灘岸，該艦並以
   猛烈火力向東山頭匪軍射擊，阻匪構築工事。
2. 我掩護登陸之四艇沿島之西南部對匪竄據之東南二小
   山頭遂行火力攻擊，支援我登陸部隊攻擊前進。
3. 島上匪軍分別佔據東西兩山頭，其左翼山頭之匪似較
   右翼山頭為強。
4. 陸戰隊混合連在我艦艇火力支援下，其第一連之一排由
   排長高震率領，循右山攻擊前進，第八連之一排由副連
   長潘寶虎率領，迂迴山右攻擊前進，第三連之一排（欠
   兩班）由排長鄭彝率領迂迴山左攻擊前進，第三連之
   二、三班則向左翼山頭之匪施行待攻。

匪在我艦艇夾擊與陸戰隊三路分進合擊之猛烈火力下，猶
憑藉據點頑強抵抗，但終為混合連官兵奮勇掃蕩，逐步抵
進激戰，十八時許將東山頭即匪右翼最堅強之匪陣地克
復，偽匪一部，餘均就殲。此時陸四團第一營營長親率特
種兵器排繼續登陸增援，即加入左翼攻擊，據隅頑抗之匪
不支潰散，零星向掩蔽處竄逃，惟天時已晚，夜間難以掃

輕殘匪，清洲嶼在我艦艇封鎖下，匪已成甕中之鱉，職遂
下令該混合連及俘匪十名撤回南山衛島，鞏固本島防務，
整備戰力。二十日十三時三十分，我陸四團第一營再抽派
加強混合連，仍由十九日各艇輸送，另以砲 38、巡 29、
巡 84 三艇及旗艦太和艦掩護，伺清洲島南灘頭第二次反
登陸猛攻，當初匪猶作困獸之鬥，惟在我海陸夾擊之下，
傷亡累累，絕望之下豎起白旗全部投誠。十五時十分戰鬥
遂告結束，我艦艇乃將陸戰隊及俘匪與俘獲之武器彈藥品
等全部載回南山衛。是總計俘匪幹及匪軍 64 名，武器彈
藥多種，我軍無損失。

（二）五月二十五日保衛南山衛戰鬥經過

匪於十九日偷渡侵入清洲島，遭遇全軍覆沒之打擊後，即
不敢以小股匪軍進犯粵南群島。迨二十四日，匪四十四軍
命該軍所屬 131 師之 392 團（欠兩個排）及 393 團會合匪
江防司令部之匪海軍海防艦艇隊大小艦艇計果敢（即桂
山號）、前進、勞動、解放、奮鬥、先鋒（即板艇高明
艇）、509 艇（即合字型艇）等七艘及小型登陸艇突擊一
至八號艇八艘及其他艇船四十餘，共集艦船六十餘艘，
兵力約五千餘，由匪 131 師師長劉匪永源率領，並以該
師 392 團副團長郭匪慶隆率匪軍一部攜平射砲等武器分乘
艇船六艘任第一線突擊，尋覓我船艇，企圖分散我海軍兵
力，劉匪則分乘其他艦船數十艘之主力為登陸軍，另以匪
393 團為預備隊，準備隨時增援攻擊。全部兵力集結黃埔
港完成整備，即偷航至唐家灣，於二十五日子夜出發，向
我南山衛進犯。五時許匪第一線突擊隊以板艇為先導，竄

至清洲島西北海面，當為砲25、砲26艇哨戒所發現，惟因天色未明，能見度僅及一、二百公尺，無法辨認，迨判定為匪艇，展開攻擊，已陷入匪艇重圍，該艇等雖以電訊報警，均因通訊裝備臨時發生故障未果，我砲25、砲26兩艇火力單薄，不幸均為匪所乘，部分官兵壯烈成仁，砲25艇被俘，砲26艇起火沉沒，此事在戰鬥結束後從汹水歸來官兵及匪俘口供中始明真相。當時職適在旗艦太和艦指揮台遙見清洲方面火光砲聲，即判斷係匪眾乘載船隊開始向我進犯，遂作如下處置：

1. 宣示固守南山衛及附近各島與港灣水道，以確保艦艇進出活動安全之決心，並以艦艇兵力一部向外圍警戒線增援，截擊匪後續部隊，阻匪侵入我防區核心，迨匪進入我有力地區後，即以艦艇主力殲滅來犯之匪，粉碎其侵略企圖，陸上部隊在原防地警戒，為作戰指導方針。

2. 決心及作戰方針確定後，旋於五時四十分以無線電話下達口頭要旨命令：

（1）宣告番號不明兵力龐大之匪乘船艇於五時卅分左右在清洲北面與我砲25、砲26艇激戰中。

（2）令第二巡防艇隊各艇立即起錨，著艇隊長曹元中率主力增援清洲以北防區外圍，截擊進犯之匪及後續部隊，並與永康艦連絡，彼此支援，另以砲艇之一部警戒南山衛本島周圍，狙擊進犯之匪於水際。

（3）令永康艦率長江砲艇在原防地密切警戒，與三角、清洲西島駐軍密取連繫，並截擊中山至澳門方面增援之匪。

（4）令永定艦在原防區嚴密警戒，與銅澳、老萬山等島

駐軍密切連繫，截擊大、小橫琴方面增援之匪。

（5）令中海艦協同旗艦太和艦立即緊急備戰起錨，追擊清洲附近進犯匪軍之主力。

（6）除警戒清洲西島及銅澳船隻外，前方會合地為大澳水道附近海面，後防會合區在外伶仃海面。

（7）令陸戰隊由何副團長指揮，立即進入陣地，殲滅登陸之匪於陣地前之灘頭。

（8）令各游擊部隊分別在原防區進入陣地，其所有艦船（欠長江艇）在原防區周圍巡弋，加強戒備。

（9）通訊連絡按照原計劃規定使用密碼，隨時與余連絡。

（10）余在旗艦太和艦指揮。

五時五十二分命令下達完畢，我地面部隊於數分鐘內即完全進入陣地，艦艇則已全部起錨開始執行指定任務。

匪第一線突擊隊攻擊我砲 25、砲 26 兩艇，突破外圍警戒線後，即向我南山衛基地疾進，匪後續部隊及登陸主力船團亦蜂擁而至。六時十七分即與我海軍主力太和艦、中海艦等遭遇，匪軍果敢號首先發砲向我海軍猛攻，職即下令各艦開火還擊，海戰於茲展開。果敢號雖在我海軍火網射擊下，仍頑強抵抗，除該匪艦原有武裝外，並以步砲兵架設之武器向我發射，其餘匪船二十餘艇亦向我兩艦展開攻擊，終因我艦官兵戰志旺盛，火力熾烈，以寡敵眾，爭取優勢，匪果敢艦首先被我旗艦太和艦主砲命中十餘發，復為中海艦主砲掃射挾制，於六時三十六分匪艦舵機擊中，遂失操縱能力，在南山衛西南半海浬許漂流，此時我南山衛陸戰隊亦以大砲加入攻擊，匪艦隊在我海陸軍夾擊下，漸呈動搖，陣營分散，但仍個別戰鬥。六時四十分，匪果

敢艦為我太和艦擊中起火燃燒，所載匪六百餘當場擊斃，二百餘名部分已畏戰跳海圖逃，另一部分仍留艦上與我頑抗，並拼命向南山衛港灣灘頭前進，企圖搶灘挽救沉沒之厄運。旗艦太和艦仍率中海艦掃蕩相繼竄至二十餘艘匪小型艇船，其中匪艇三艘、匪船六艘當即中彈沉沒。六時四十五分，匪先頭部隊已為我海軍所潰散，匪果敢艦主力亦已失去攻擊能力，太和艦足以控制戰場，遂令中海艦即駛銅澳、老萬山一帶接替永定艦任務，永定艦交卸防務後即循大西水道駛伺永康艦防區與該艦會合，截斷匪艦艇增援部隊與歸路，並警戒三角、清洲西島，中海艦於下達此令後旋即脫離戰場，永定艦亦如期迂迴匪後，加入圍剿戰鬥。當匪果敢艦遭遇戰之初，我第二巡艇隊各艇由隊長曹元中率領，適自南山衛基地北行，曾與匪艦激戰，擊沉匪艇一艘，並擊傷其他匪艇，惟以受令馳赴清洲西北取合圍態勢之任務關係，且戰且進，到達防區。七時許匪果敢號在極度掙扎下竄抵南山衛淺灘，後續部隊由匪 509 號（即合字型）艇率領之大小匪船數十艘在我外圍警戒線與我巡二艇隊一度戰鬥後，即接踵竄來增援，開始與我旗艦接近，以包圍態勢猛，匪殘餘艇船亦合圍加入攻擊，瘋狂向我旗艦太和艦圍攻，一時彈幕遮天，浪濤洶湧，火砲震耳欲聾。匪包圍圈向我太和艦逐緊縮，我太和艦雖已衝入重圍，我全艦官兵猶能沉著應戰，在堅決奮戰指導下，官兵無不愈戰愈勇，各守崗位，攻擊掃蕩，惡戰持續進行，迄七時四十分許，惡戰至最高潮，匪傷亡累累，海面為之色變，太和艦與匪血戰，左衝右突，終將包圍突破，匪後續部隊指揮艇匪五○九艇傷亡殆盡，已失戰鬥能力，其餘匪

砲艇八艘、機帆船五艘先後中彈沉沒，海面殘匪已望風披靡，紛紛奪路圖遁，惟我太和艦亦中彈二十餘發，職亦於惡戰高潮時居高指揮作戰，右臂中彈骨折，為振奮士氣，主持戰局，仍負創站立指揮台指揮掃蕩，果見官兵奮勇效命，得殲頑匪，太和艦其他官兵傷亡亦有十餘員。八時十分左右，匪砲艇二艘、機帆船十餘艘陸續被我太和艦追及擊沉，海上因激戰落海匪軍千餘名，隨浪逐流，其近岸者至少被我太和艦射殺六百餘，殘餘艇船均潰向三角、清洲西島或內伶仃方面逃逸，我駐守清洲西北海面之第二巡艇隊即沿途攔擊，並發現我砲26號落水官兵，分別救護，始悉砲26艇已沉，砲25艇被俘，即令屬艇向內伶仃方面搜索，當為隊長粵秀艇所發現，以火力追擊，砲25艇見我海軍來援，即設法減速緩行，及粵秀艇接近至千碼時，艇上匪軍紛紛跳水圖逃，率為粵秀艇擊斃十餘名，匪愴惶中不知所措，砲25艇遂由我海軍安然奪回，返航清洲西島海面與永康艦會合，加強該區警戒，斷匪軍歸路。至七時左右，匪電機一艘率機帆船數艘由淇澳方面再度增援，當為永康艦及二巡艇隊所逐回。至七時十分永定艦亦已到達，如須連擊後，遂向原入竄入防區核心之匪艦船搜索掃蕩，至八時十三分見清洲西島西北及三角島西北灘頭泊有匪艇六、七艇，其載運之匪軍已全部登陸，該艦等遂將兩島之匪艇悉數摧毀，繼對已登陸之匪軍展開砲擊，當時職率太和艦擊潰匪後續部隊，正追蹤掃蕩清理戰場，接近該地，據報即於八時三十分加入砲擊，歷時十五分鐘之久。至此登陸之匪已四散隱蔽，職遂令永定、永康兩艦及二巡隊加速射擊圍困，另率旗艦向內伶仃方面高速搜索臨近內

佇仃匪島時，發現匪合字型艇糾合殘艇七、八艇向我方緩緩航行，企圖吸引我艦深入匪岸砲射程，但該艇陰謀為我識破，匪船始終未敢遠離，我艦亦未深入，相持至十一時卅分左右，職以匪已無鬥志，不敢增援再犯，乃折回清洲西島及三角島方面，合力攻擊登陸之匪。南山衛本島方面，七時許匪果敢艦於戰鬥初期掙扎搶登南山衛港淺灘後，乘我太合艦與匪後續部隊激戰之際，殘匪三百餘即強行登陸，以雷霆萬鈞之勢向我陣地猛撲，與我守軍展開激戰，均已臨最高潮，灘頭匪軍傷亡累累，迨我第八連之援隊到達時，向匪實施衝鋒，白刃相接，匪終由渡海疲勞及我陸戰隊官兵之戰志揚溢，匪之攻勢頓挫，一厥不振，後由我側射火力之威脅及匪後路切斷，援軍不繼，僅存之匪幹及匪軍一百八十四名乃全部向我投誠，本島戰鬥遂於八時卅分全部結束。我軍除生俘匪軍 184 名，並俘叛徒五名，灘頭被殲滅之匪達二百餘名，遺屍遍地，戰利品不計其數。二十五日竟日戰鬥，除清洲西島及三角島上有殘匪盤據，全部粵南群島已無匪蹤，是役又獲全勝。職乃將全部戰況電報總部，乃基於粵南群島匪情嚴重，我軍兵力單薄，況因職身負重創，裏傷作戰，傷勢益形惡化，遂令第一艦隊司令劉廣凱率信陽艦馳來接防，另派其他艦艇及陸戰隊換防，增強兵力駐守。十五時職奉總部電令，於第一艦隊劉司令未到達前，防務暫由永定艦艦長劉德凱代理，先行回台，乃於南山衛等附近海面與永定艦會合，交接防務後，率旗艦太和艦逕駛左營。

五、檢討

（一）粵南群島東連香港，西鄰澳門，環境特殊，匪可利用港澳交通窺探我軍活動實力，則難以蒐集匪軍情報，甚者匪可利用航線商船掩護偷渡，致難判斷。

（二）通訊設備不健全，外圍警戒哨艇發現匪情不克送達，戰鬥間各艦艇連繫亦多困難，艦岸通訊亦欠暢通，增加作戰指揮之困難。

（三）匪犯粵南群島，以艦艇為主力，登陸艇及機帆船為牽制，乘機輸送部隊登陸，與我海軍遭遇，可謂自甲午以還，本國海軍第一次海戰，但我艦艇之戰術及編隊運動均欠熟練，動作及火力發揚之配合亦欠理想。

（四）粵南群島當地之游擊隊部隊自立門戶，份複雜，雖經本軍積極整理，仍因素質窳劣，信仰不堅，武器補給無著，致軍風紀無法維持，戰力極端薄弱，當戰鬥激烈之時尚有後顧之慮。

（五）匪軍戰術方面特點

（1）匪岸砲常於戰鬥開始時發射近彈及誘我艦艇進入有效射程，即予猛烈射擊。

（2）匪海軍及搭載之步砲兵攻擊我艦艇之戰法，以大口徑之重武器專攻我水線以下艦身，高速輕武器則專攻擊我指揮台或小型艦艇之舵房，打擊我神經中樞，擾亂指揮。

（六）我艦砲射程與匪岸砲相較為近，故澈底殲滅匪據各島之有效戰術，唯用反登陸戰，不宜與岸砲對戰。

（七）清洲島及南山衛兩戰役，我陸戰隊能完成攻防使命，戰志昂揚，及我艦艇官兵志氣於激戰時愈戰愈勇、愈戰愈強，

而艦艇及陸戰隊能協同合作，達成殲匪任務，此種精神至堪寶貴，應予繼續保持發揚。

（八）戰鬥間我海軍官兵均能克盡厥職，頗多英勇事蹟，發揚海軍傳統精神，為革命軍人之楷模。

● **何恩廷**
作戰時級職：海軍粵南群島防衛指揮部上校參謀長
撰寫時級職：海軍陸戰隊第一旅上校旅長

作戰地區：廣東省珠江口外之萬山群島

作戰起迄日期：39 年 5 月 19 日至 29 日

清洲島及南山衛戰役

一、概述

　　民卅九年四月下旬，本人於海南島榆林港，擔任指揮掩護撤退任務後，於五月二日抵萬山群島之南山衛，即奉命擔任粵南群島防衛指揮部上校參謀長之職，並負責南山衛陸上單位之指揮。斯時駐該島之部隊係本團（陸戰第二旅第四團）之第一營，乃即酌留第三營之第八連、團通信連、工兵排，及旅戰防連之一部，共計兵力約 1000+ 人，並留必要之幕僚，組成陸上指揮部一，由粵南群島防衛指揮部統一指揮，指揮官由駐該地之海軍艦隊司令代將齊鴻章兼任，駐艦辦公。本團之其餘部隊，則逕返台灣。

二、作戰之狀況（附戰鬥前敵我態勢要圖）

　　1. 戰地一般狀況

　　　萬山群島位於我國廣東省珠江口外，乃眾島組成，群島星羅棋布，故名。其中以南山衛（垃圾尾）島位置適中，扼珠江口之咽喉，兼為港澳海上交通必經之地。自卅八年大陸陷匪後，我軍及游擊部隊等，乃據守該島及其附近諸島（見圖），以為執行海上封鎖之基地，兼與敵保持接觸，獲取情報。清洲島位於南山衛島之北部，二島隔一中心洲

小島而相鄰，但該島無淡水，無居民，乃一山地荒島，南山衛亦屬山地，大部傾斜急峻，環島迴轉曲折，地形複雜，沿岸多礁石，附近水深，乏良好登陸海灘，內部山巒重疊，絕少平地，交通不便，僅能步履，中央乃一盆地，為百姓集居之所，有村名南山莊，島山鮮農作物，居民多業漁，間與港澳營商，文化落後，乏政治意識。

2. 我軍狀況

A. 萬山群島駐有我方之游擊部隊，計有突擊第一、二、三縱隊及護漁縱隊，個縱隊人數不等，總計約 2000 餘人，分駐於南山衛以外各島嶼（見圖），並控有機帆船、砲艇等約十餘艘，經常活動與匪週旋。

B. 南山衛島設有我海軍巡防處，轄巡防艇隊之 YP 8 艘，且經常保持 DE、AM、LST 型艦各一艘，擔任萬山群島附近海面之警戒屏衛，並執行封鎖珠江之任務。

C. 本人所率之海軍陸戰隊即駐於南山衛及中心洲二島，總計約 1000+ 人，並積極構築工事中。

3. 敵軍狀況

A. 敵當時之動態：珠江口沿岸及其附近島嶼之匪軍，總數約二萬餘人，多屬匪四野林彪所部，卅九年四月以來，積極徵集船隻，計有帆船、機帆、砲艇、汽艇等 200+ 艘，並曾實施登陸演習。根據五月十六日之情報，駐中山、石岐之匪，曾禁其士兵外出，並行封港，均為蠢動之徵候。

B. 敵海軍劣勢，空軍尚無作戰能力。

三、作戰指導

1. 本部以一個陸戰加強營，附以所要之戰鬥及勤務支援單位，藉海軍艦砲之支援，以主力配置於南山衛島，一部配置於中心洲島，實行防禦，並確保之。

2. 兵力部署：如南山衛防禦配備要圖。

四、作戰經過

甲、清洲島戰役

1. 五月十九日 1330 匪林彪部 44C 之 132D 之一部約 200 人（一個加強連），乘著普陀號商船，由澳門出發，偽裝航往香港，半途折向無設防之清洲島航行，我守軍發現後，即刻通知 YP 前往攔截，未果，該島率為匪所襲。

2. 據判匪可能實行逐島攻擊，清洲島既為匪所據，將威脅本島之安全，乃決心乘其立足未穩之際，予以攻擊殲滅，即由本島守軍中抽調步兵三個排之兵力，對該島實行登陸作戰，並與海軍艦艇協調關於火力與運輸支援問題。對攻擊部隊指示有關登陸作戰事項等。於 1530 裝載完畢。

3. 1610 我攻擊部隊登陸清洲島，因運輸船隻均非制式之登陸艇，不能搶灘，登陸部隊在敵火下，均涉水登岸，此時略有傷亡，遂以一部牽制該島北高地佔領陣地之匪，主力集攻該島南高地之匪，於 1720 南高地之匪全部被殲，俘匪連長以下數十人，其餘全部集斃，整頓後乃即繼攻北高地之匪，旋亦被我圍殲，我軍於該日 2100 時左右押解俘匪等全部返回南山衛本島。

4. 5/20 上午，繼派兵一部，再登陸清洲島，實行搜索及清理戰場。

5. 是役我軍士氣旺盛，故能以少勝多，充分發揮攻擊之精神，官兵均能勇往直前，其中連長李子明及副連長潘寶君，均能身先示卒果敢殺敵，曾均獲上級之褒獎（各獲寶鼎七等勛獎乙座），潘寶君且曾當選為四十年度第一屆戰鬥英雄，戰士亦頗多英勇事蹟，彼時均曾分別予以獎勵，現因時間相隔日久，且已無資料稽考，不能全部記述，惟迄今印象猶深者，如某戰士善用擲彈筒，雖置身敵火下，且位於仰攻之傾斜地形，仍能沉著發射，且命中精確，戰鬥間，該兵曾及時以擲榴彈擊滅兩處自動武器，對全盤戰鬥之進展，補益實多。副班長楊國賢智勇雙全，獨斷專行，及時迂迴匪自動武器之側翼予以消滅，致使我正面之進攻容易，同具價值。又班長趙連漢率班攻擊中，已相繼傷亡五名，但益同仇敵愾，領餘兵，愈奮戰，終能殺敵致果。

乙、南山衛戰役

1. 自五月十九日清洲島戰役後，我雖勝利，惟更加強戒備，防敵再犯，且賴我通信人員，悉心研究，卒能破譯其通信密語，敵之再犯，已經洞悉。

2. 五月廿五日凌晨，匪林彪 44C 之 132D、131D 之一部，分乘步兵登陸艦（桂山號 LSI）一艘，及砲艇、汽船、大型機帆船等數艘，復來進犯，先與我艦發生戰鬥，我軍亟入陣地戒備，並砲擊匪船。0600 匪船紛亂，或逃逸，或燃燒沉沒，惟桂山號乘隙於 0745 衝至本島西南突出部之盃口，強行搶灘。

3. 匪桂山艦搶灘之時，被我熾盛火力集中射擊，發生燃燒，繼則發生爆炸，匪軍倉促冒險登陸，適遭我主抵抗線防

護火網射擊，傷亡慘重，但因我第一線兵力究屬有限，卒為局部突破，且有小股之匪兵潛至我八二迫擊砲陣地附近，我迫砲排當即以輕兵器向敵抵抗，同時以一部人員攜砲變換陣地，除該排長董柄哲中尉負傷外，其餘人員及武器均安然無損，且經鄰近友軍之協力，終將該深入之匪予以部分擊斃及擊退，但此時我第一線守軍仍能沉著固守，拘束敵人。

4. 0830 余以預備隊向該突破口實行逆襲，突入之敵遭我攻擊後，被迫後退，復壓迫於海岸，經我集火射擊，匪傷亡繼增，我則繼行陣前招降，至 0920 時左右，殘匪卒全部投降。

5. 當即處理降匪，清掃戰場。

6. 是役官兵均頗英勇，其中機砲連某戰士，乃一司號兵，適見有數匪突至，乃急持衝鋒槍，予以狙擊，斃其數人，尚有二匪未亡，乃向該兵撲擊，該兵因槍彈射完，不暇裝彈，乃赤手與匪肉搏，兩者纏鬥之間，卒為我方人員發現，亟予協助，將該匪擊斃，惟該號兵手部已負重傷，似此忠勇負責之精神，實堪嘉慰。當我方對敵行逆襲時，戰士陳國君，於最近距離內，勇敢誘起衝鋒，身先他人，負輕機槍向敵肉搏，邊射邊進，勇敢衝殺，敵莫敢擋，斃匪數人，餘皆迫退。班長汪長江，驍勇善戰，臂力故人，曾以手榴彈投擲蝟集之匪，斃傷甚夥，並於爆炸之瞬間，身先士兵，疾躍敵陣，左右突殺，奪槍掃蕩，勇不可當，堪稱忠勇之楷模。其他奮勇殺敵者尚不乏人，惜因時久，不克詳記矣。

五、戰鬥後狀況

甲、清洲島戰役

1. 是役計斃匪百餘名，俘匪連長以下七〇餘名，鹵獲六〇迫擊砲三門，五七戰防砲一門，重機槍三挺，輕機槍及自動步槍等十餘挺，步槍、卡賓槍等衝鋒槍數十隻。

2. 我方陣亡戰士二員，傷官一員，戰士三員。

乙、南山衛戰役

1. 是役計斃匪百餘名，俘匪副營長及桂山艦長以下共 189 名，匪營長及營政委，據查均已擊斃，並鹵獲匪各種輕重武器等百數十件。

2. 我方陣亡戰士一員、傷官長一員、戰士七員，武器及彈藥之損耗略。

丙、影響政局、軍隊及地方之事項

1. 兩次戰役均係我陸戰隊及艦艇互相配合之作戰，尤以清洲島之登陸戰，乃我陸戰隊成立以來之首舉，充分發揮陸戰隊之攻擊精神，由此證明陸戰部隊之需要及兩棲作戰之重要，且兩次戰役中，陸戰部隊與海軍艦艇均有相當良好之協調，增進了雙方團結與互信。

2. 於地方游擊部隊，給予一種堅決殺匪之示範，增益其信心匪淺。

3. 彼時適我大陸甫告喪失，海南島及舟山相繼撤退，軍民信心處於低潮之時，幸我總統於是年三月一日復行視事，我軍民始乃為之一振，且適兩戰皆捷，不惟予共匪囂焰以重大打擊，且實足表現領袖復職後，軍政兩方重心恢復之新生力量，頗收相互呼應之效。當斯捷報傳來，我全體軍民，自必振奮異常，此實為領袖德望之感

召有以致之，嘗記俘匪之連長靳芝曾云：「我在大陸從未打過敗仗，不意國軍此時尚有如是之士氣與戰力，殊出人之意外」。由此觀之，我此一戰果之獲得，非匪能所料及，益以港台報紙廣為宣傳，故此役所及，對我方人心士氣之振奮裨益實非淺鮮。

六、檢討

1. 我軍優點缺點

    A. 我軍以寡擊眾，此乃信心堅定，士氣旺盛，訓練精良有以致之。

    B. 判斷正確，決心及處置迅速恰當，故能不失好機，克敵致果。

    C. 清洲島戰役，我選擇登陸點出敵意表，因敵主力配備於清洲島之南高地，主要對向我中心洲方向，蓋其判我將由中心洲接敵也，殊未料及由其側背登陸。

    D. 我方缺乏制式之登陸艇，且當時可供登陸用之舟艇甚少，致不能正確搶灘，且影響使用之兵力，又因防守南山衛島之兵力原感不足，故抽派兵力亦受限制，對清洲島登陸攻擊，僅使用三個排，未能形成絕對優勢。

    F. 我之通信靈活，並能事前盡各種手段，破譯敵之通信密語。

    E. 陸戰隊當時尚無岸勤支援單位之編制，更乏此項訓練與經驗，故登陸清洲島時，臨時亦無此項部隊之設置，無論戰鬥間及戰鬥後，有關傷亡、俘虜之處理後送，彈藥之補給等，均由戰鬥部隊兼任，而影響戰力。

    G. 我方海上之警戒，仍欠週密，致匪能偷襲登陸清洲島。

    H. 艦砲支援我登陸作戰，尚係首次，固當時既無艦砲岸上

管制組織之編組及艦砲前進觀測員之隨行，又無是項通信器材，基本上無法做到要求射擊之密切支援，故登陸清洲島時，艦砲之支援，僅限於登陸直前之制壓射擊，登陸後即停止支援，又我艦砲能及時擊沉匪普陀號，使其通信中斷，且其補給品多未及下卸，對我甚屬有利。

I. 南山衛戰役初期之海戰中，我艦艇射擊準確，作戰勇敢，予匪重創，有利於我陸上之作戰。

2. 經驗教訓

A. 兩棲作戰必有優勢之海空軍：兩棲作戰乃由水面向敵已設防之海岸，所發動之攻擊，故當其海上機動時期，必須有海空軍予以掩護，始能保證其運輸船安全到達目標區，又當其突擊時期，尤賴外來之火力予以支援，始能登陸灘頭而建立戰鬥力。此次清洲島戰役乃我對敵所行之登陸戰，南山衛戰役乃敵對我所行之登陸戰，兩次戰役雙方雖均無使用空軍，但我海軍實居優勢，觀乎我所以勝，敵所以敗者，彼之缺乏優勢海軍乃一主因也。

B. 通信作戰：任何作戰應除本身所需之通材外，應有專門對敵竊聽之無線電台，並配以訓練有素之破密人員，而編成對敵通信作戰組，則對敵情之了解補益甚大。此次敵人通信技術低劣，且密碼簡單，故輕易即被我軍所竊聽，並行破密，以致敵人之行動均為我洞悉。

C. 加強防衛武器：海島防禦，除建制之武器外，應配充分之防衛武器，如高射砲、戰防砲、重機槍、山野砲等，原則上每人至少使用兩種以上武器，如此既可節省人力，又可彌補火力。

D. 多行作戰預習：海島防禦，因近似孤軍作戰之性質，故對

　　敵可最強烈之行動予以分析，而行有效對策，並行多次之
演習，以加強守軍必勝信心。

E. 心防作戰：本人曾對官兵宣佈，敵人在何連地區登陸即係
中獎，而衝到陣地內等於中頭獎，因當時有兩句口號即
「要殲滅敵人於灘頭，要活捉敵人於陣地內」，故我軍見
敵登陸後，均興奮萬分，毫無畏懼心理，此可列入心防作
戰之範圍，而予以有計劃之運用，對戰力之增強甚大。

F. 即時獎勵：每次作戰完畢，其應得獎金即速發給，應受之
勛獎，即予頒發，則士氣之鼓舞最大，例如俘敵連長及武
器應得之獎金，戰畢即行發給。

敵我態勢（民卅九年五月十九日及廿五日）

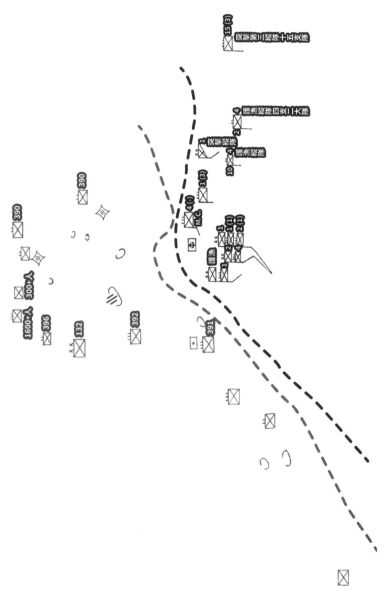

萬山群島附近地形圖

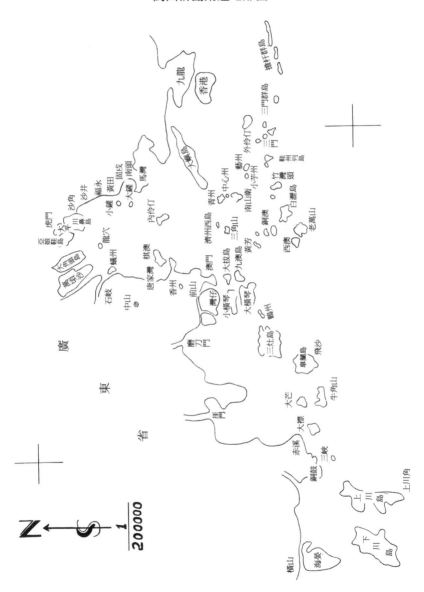

清洲島戰役作戰經過第一階段

（民卅九年五月十九日）

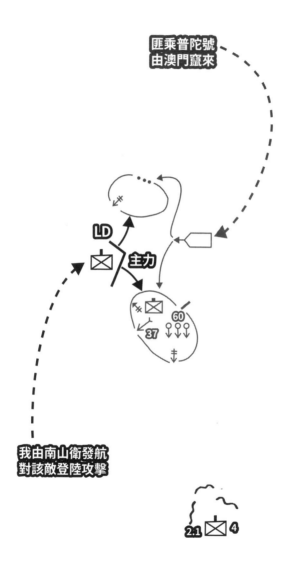

清洲島戰役作戰經過第一階段

（民卅九年五月十九日）

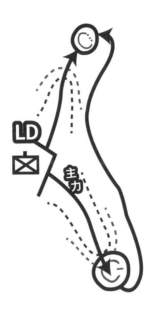

南山衛戰役兵力配備要圖
（民卅九年五月廿五日）

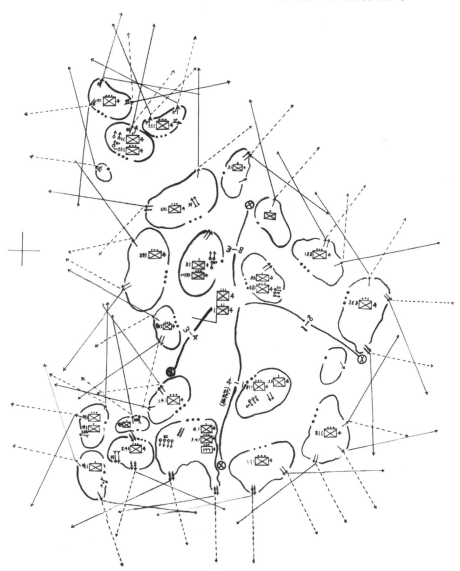

南山衛戰役作戰經過第一階段

（民卅九年五月廿五日）

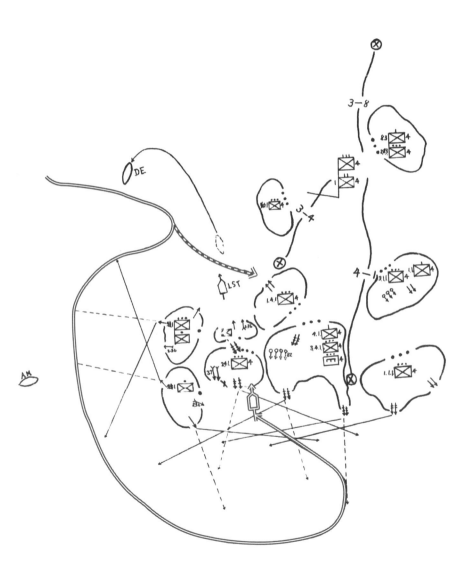

南山衛戰役作戰經過第二階段

（民卅九年五月廿五日）

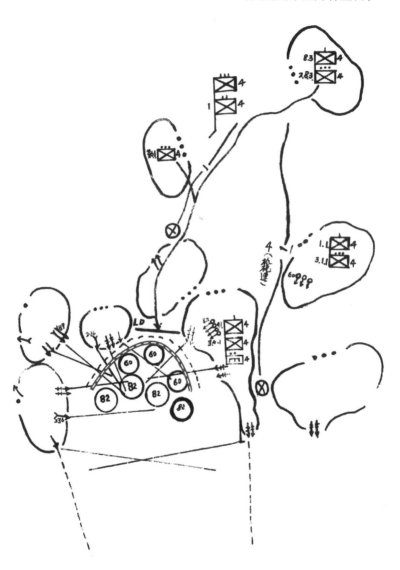

南山衛地形圖

● 桂宗炎
作戰時級職：海軍中勝軍艦中校艦長
撰寫時級職：海軍峨嵋軍艦上校艦長

作戰地區：南山衛海面

作戰起迄日期：39 年 5 月 15 日

南山衛、清洲作戰追憶

卅九年四月底海南島戰役已近結束階段，我海軍艦艇雲集於榆林港，由故前桂總司令親自指揮最後之撤運工作，其時奉派擔任海軍中勝軍艦艦長職務，亦於榆林候命，旋奉令駛赴西沙及南沙撤退工作人員及裝備。四月十日全部完成，由南沙直駛左營港，途中因遇颱風，乃更變原航行計劃，改航南山衛避風，俟風過以後再駛左營。

五月十三日抵南山衛垃圾尾錨地寄泊，當時南山衛成立防守司令部，職務由太和艦長齊鴻章上校兼任，抵達後即向太和齊艦長報到。

五月十五日零時發現匪以機帆船三艘登陸南山衛毗隣之清洲島（作戰及地理形態詳見附面），該島並未設防，於匪登陸後始行發現清洲島與南山衛垃圾尾之間僅一水相隔，退潮時可涉水而渡，環抱南山衛錨地，形成險要。匪登陸人數約三百人，附小鋼砲三門，無後繼部隊。

太和艦乃繞航北面攻擊其登陸點及搶灘之機帆船，命中勝仍留於錨地以 40 糎砲壓制匪之正面，另以陸戰隊不足一連之兵力由中勝之小艇載乘，於黎明前在清洲島正面實行強登陸，中勝以砲火支援，遂使登陸成功。至上午九時重行整握該島，清理戰

場，計俘匪 150 人，槍械彈藥甚夥，我艦艇無損傷，陸戰隊傷亡亦甚微。

　　五月廿日中勝駛離南山衛，返左營港並押運俘匪及戰利品（當時有詳細冊目呈交總部第三署）。

　　檢討該作戰，以處理及時，乃得殲滅全部登陸匪軍，惟以巡邏線缺點甚多，至易為匪滲透登陸。

清洲作戰附圖

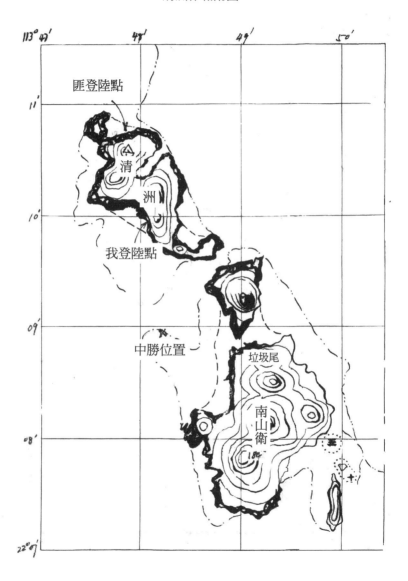

● 葉伯秋
作戰時級職：海軍江定砲艇中尉艇長
撰寫時級職：海軍軍官學校少校教官

作戰地區：南山衛群島

作戰起迄日期：39 年 5 月至 6 月 24 日

粵南群島戰役作戰詳歷及心得報告

　　民國卅九年萬山群島設有萬山巡防處，匪為求截斷我海軍海
南島之補給與支援，發起偷襲萬山群島，其時該地區駐有我艦艇
甚多，但因地形之關係，匪利用大陸作基地逐步侵略萬山附近之
島嶼，以致使我艦艇活動範圍日蹙縮小，加以匪利用黑夜及氣象
不良之際，實行偷襲。我艦艇駐防萬山計有太和、永定、中海、
江秀、江定等艦艇，後因戰略關係並掩護陸戰隊撤退，先後動員
艦艇頗多，此次戰役中計太康、信陽、永定、中練、美珍、中海、
玉泉、江秀、江定等艦艇。此次戰役中太和艦曾遭匪偷襲，艦長
齊鴻章亦受傷，其原因有二：一為我艦警覺性不夠，一為匪軍狡
猾利用黑夜偷襲，所以我們以後隨時隨地必須提高警覺，以免再
蹈覆轍。此次戰役中以個人之見有下列數點我們必須體認的：

一、服務前方艦艇官兵應隨時隨地提高警覺，以免為匪所乘。

二、作戰艦艇應保持機動。

三、作戰艦艇功過應詳加檢討，務求有功必賞，有過必罰。

四、凡利用作戰時而走私之艦艇，應嚴加取締。

五、如因戰略關係而須轉進之地區，上峰應有明確之指示。

六、撤退時亦應有週密之計劃。

　　由這些事項中我們得到了一個結論，我們的情報不夠靈活，

官兵警覺性不夠，且有輕視敵人之心理，這些毛病必須糾正，俾
供爾後作戰之參考。

● 曹元中
作戰時級職：海軍南山衛巡防處少校處長
兼第二巡防艇隊艇隊長
撰寫時級職：海軍艦隊指揮部上校處長

作戰地區：廣東珠江口外南山衛

作戰起迄日期：39 年 5 月

南山衛戰鬥詳歷及心得報告

（一）概述

1. 南山衛位於大澳之南端，為廣州與海外貿易及港澳交通必
   經之地，過去曾設置海關，形勢重要，島之面積約四平方
   公里強，居民約六百人，周圍小島甚多，其中部分島嶼駐
   有少量游擊隊，號稱大天二，無何戰力。

2. 南山衛巡防處於民三十八年冬始行設立，處長為中校趙日
   輝，民三十九年四月間改派少校曹元中繼任，該處所屬艇
   隻共十艘，性能不一，艇型複雜，有捕獲匪機帆船改裝
   者，有二十噸之巡艇，亦有貨船改裝者，正式砲艇僅高要
   一艘，裝砲口徑為 2.5 公分及 1.3 公分由一至三門不等，
   各艇編制最少者八人，最多者四十人，故戰力頗差。

3. 海軍第三艦隊於五月初旬由海南島轉進至南山衛，負責指
   揮南山衛方面之作戰，作戰部隊如左：

   （1）海軍第三艦隊　代司令齊鴻章

   　　　太和艦（旗艦）　艦長齊鴻章

   　　　永定艦　艦長劉德凱

   　　　永康艦　艦長任國華

中海艦　艦長程福培

配屬：南山衛巡防處各艇　處長兼艇隊長曹元中

粵秀艇（旗艇）　艇長曹國邦

高要、東平、利東、新光、治平、砲 26、砲 38、砲 25

及巡 34 等九艇

（2）陸戰隊加強營　營長李季成

（二）作戰前之狀況

1. 當時整個大陸業經失守，海南島國軍亦已轉進，故匪對南山衛積極企圖竄佔。

2. 匪軍將叛逆之砲艇及我於廣州轉進時遺留於黃埔造船所待修之砲艇，並武裝機帆船及強徵商輪編組為進犯船團，據情報獲知，於五月初旬間已向琪澳集結，匪野戰軍調動頻繁，顯有竄犯南山衛之跡象。

3. 先是匪軍曾於五月十七日晚，以一連之兵力乘船偷襲青州島，於十八日晨為我治平艇所發現，當即由太和艦率領各砲艇予以圍殲，並掩護陸戰隊登陸。迄十九日俘獲匪軍七十餘人，殲滅匪軍五十餘人，無一倖逃者，並擊沉匪砲艇普羅號一艘，實為本戰鬥之序幕戰。

4. 本戰鬥匪軍進犯艇船及兵力，計有桂山、高明等砲艇及 LCVP、商輪等二十餘艘，概估裝載匪陸軍兵力為四－五千。

（三）我軍作戰指導

當時第三艦隊部判斷匪軍可能由各方進犯，故警戒部署為在各外圍島嶼間配備警戒艦艇，如附圖一。作戰指導為聞知警戒艦艇報警後，在港及其他警戒艦艇均應立即馳援，合殲匪船團於水

上，陸戰隊迅速進入陣地，準備配合艦艇火力殲滅登陸匪軍於水際灘頭。

（四）作戰經過

五月二十五日拂曉前，匪軍船團分兩批由琪澳出發，進犯南山衛，第一批由匪桂山艇（即聯字號）率領砲艇共五艘，乘夜暗圍擊我兩警戒艇砲25、砲26，我砲26被焚，官兵棄船落水，砲25為匪所俘。匪桂山艇復率匪艇一艘直犯南山衛港，經太和艦、中海艦及各砲艇合擊，將桂山艇擊成重傷，遂為我所俘，另一艘砲艇由牛頭島水道企圖逸去，為我砲38及治平艇追及所擊沉。當我方艦艇正圍擊桂山艇之際，粵秀艇以高速駛往青州島西海面，將匪高明等艇三艘擊退，奪回砲25艇，嗣我各艇亦相繼駛至，乃將砲26落水官兵全部救起（以上情況見附圖二）。當粵秀艇正與匪高明等艇激戰之際，匪第二批船團以不規則之縱長隊形，紛由西北方駛來，經粵秀艇以部分火力射擊，轉航駛至青州西島登陸，時太陽甫行初昇，遙見永康艦率游擊隊砲艇長江號位於該島西面加以戰鬥，經永康、粵秀從兩面夾擊，擊燒匪艇一艘，並驅退匪後尾船團，嗣我各砲艇及太和、中海艦相繼駛至，匪後尾船團復行回竄，又擊沉匪輪二艘，並圍擊甫行登陸之匪軍，及阻止匪軍轉向三角島登陸之企圖，無何匪軍砲火紛紛還擊，漸次猛烈，此時永定艦從銅澳方面駛達，加入戰鬥，雙方砲戰達一小時始停（以上情況見附圖三），乃行監視封鎖。時太和艦因齊代司令受傷，奉令返台，交由永定艦長劉德凱代理指揮，於午後三點復有匪船團企圖駛來增援，為我永定艦所擊退。入夜後，匪軍利用羅列複雜無人島嶼及漆黑夜暗實施逐島竄佔，於二十六日午後以砲火轟擊南山衛港，經我艦艇圍擊竹途岸島後，

匪砲始停，傍晚奉令將陸戰隊裝載轉進，迄午夜後，匪軍竄佔南山衛本島。

（五）戰鬥後狀況

　　總計擊燬匪軍船艇五艘，俘獲桂山艇一艘，俘匪四百餘人，概佔匪軍傷亡人數在千名以上，我軍被擊燬砲 26 艇一艘，傷亡官兵五十餘人，代司令齊鴻章受傷。

（六）檢討

1. 當實施警戒部署時，艇隊長曾建議齊代司令，艦艇應集中警戒西北方向，希一舉擊滅來犯之反船團。惜齊司令顧慮匪軍可能由各方來犯，遂未採納，有違集中原則。
2. 兩警戒艇位置，正位於港澳交通線旁，晝夜未行變換，可能為往來港澳之匪諜所偵悉，致為匪艇所乘。
3. 拋錨警戒，不及起錨航行應戰，致易被匪艇擊中。
4. 無雷達設備之砲艇擔任警戒，於漆黑之夜，目視難及三百碼以外。
5. 匪艇以混亂信號方法接近，值更兵警覺性太差。
6. 島嶼星羅，無陸軍兵力守備，艦艇縱有雷達，使用亦受限制，無法防止匪船滲透進犯。
7. 匪先以桂山等艇吸住我之主力，而後另以登陸船團登陸無人島嶼，頗收欺騙手段之效。
8. 由於未能舉行演習，假設匪軍進犯各種情況下之戰法，致形成當時各自為戰，未能及時捕捉匪登陸船團，予以全部殲滅。
9. 各艦艇通信人員缺少，技術尤差，致緊急匪情傳遞遲緩。

10. 游擊隊艇不熟練信號通信，致與永康艦發生誤擊，遲延加入戰鬥之時間。

11. 平心而論，當時匪軍之戰鬥精神實較我方為高。

12. 是時風向南風，致青州島西海面激戰砲聲不甚清淅，太和值更官兵曾聞砲聲，由於缺乏判斷力，猶誤認為游擊隊砲艇抓捕匪民船，致遲遲報告。

13. 將進犯匪軍船隻數量誇大電告層峰，致影響層峰判斷，下令轉進。

14. 中尉艇長林榮桂於砲 25 艇被匪所俘，拒不投降，壯烈成仁，實足為我革命軍人之模範。

附圖一　南山衛戰鬥警戒部署圖

附記：
一、艦1、2、3
二、艇4、5、6
三、艇（五月二十五日奉令未派）
四、艦（五月二十五日未有艦擔任警戒）
五、五月二十五日，2號為永康，3號為永定，5號為砲25，6號為砲26，

附圖二　南山衛戰鬥我艦艇與第一批匪艇交戰略圖

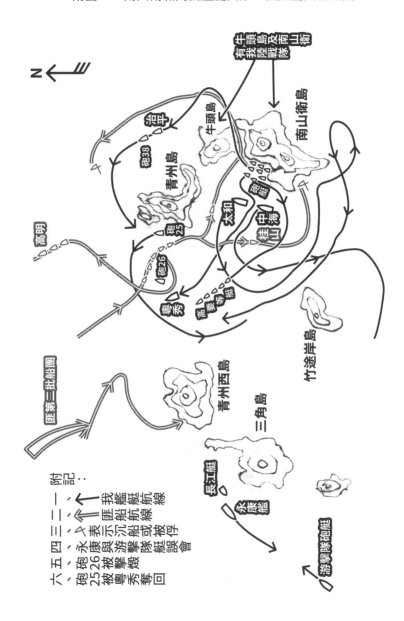

附圖三 南山衛戰鬥我艦艇與第二批匪登陸船團交戰略圖

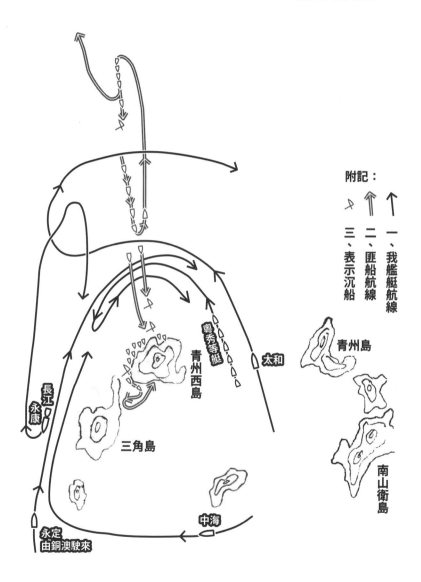

附記：

一、我艦艇航線

二、匪船航線

三、表示沉船

粵秀等艇

青州西島

太和

三角島

中海

長江

永康

永定
由銅澳駛來

青州島

南山衛島

忠烈姓名調查表

烈士姓名：林榮桂

級職：中尉艇長

所屬部隊：南山衛巡防處砲 25 艇

殉國戰役名稱：南山衛戰鬥

年月日：39.5.25

地點：南山衛青州島西海面

備考：砲 25 艇被匪俘，拒不投降壯烈成仁，惟該艇後經粵秀艇
　　　奪回

● **劉德凱**
作戰時級職：海軍永定軍艦少校艦長
撰寫時級職：海軍洛陽軍艦上校艦長

作戰地區：粵南群島

作戰起迄日期：39 年 5 月 25 日至 28 日

戡亂粵南群島戰役

一、概述

（一）作戰時間

自民國卅九年五月廿五日起至同月廿八日止。

（二）參戰之艦艇部隊

1. 艦艇：太和、中海、永康、永定、營口、信陽、江秀、江定、高要、25 號砲艇、26 砲艇等。

2. 部隊：海軍陸戰隊第二旅第四團一個加強營約 1,000 餘人，突擊第一、二、三縱隊及護漁縱隊約 2,000 餘人（並控有機帆船、砲艇約十餘艘）。

（三）當時職務

本人當時為海軍永定軍艦艦長。

（四）指揮官之更迭

1. 民國卅九年五月中，本人奉命率永定軍艦駛往粵南群島增防，並隸兼粵南群島防衛指揮官之海軍太和艦長齊鴻章上校指揮。

2. 五月廿五日凌晨匪軍突擊南山衛，當與我艦發生激烈戰鬥，指揮官齊上校負傷，本人奉令接管全般之指揮。

3. 五月廿七日第一艦隊司令劉廣凱少將到達，本人全般指揮任務遂告解除。

二、作戰前狀況

（一）戰地一般狀況

萬山群島位於我國廣東省珠江口外，乃眾島組成，星羅棋布，其中以南山衛（垃圾尾）島位置適中，扼珠江口之咽喉，兼為港澳海上交通必經之地，自卅八年大陸陷匪後，我軍及游擊部隊等乃據守該島及其附諸島以為執行海上封鎖之基地，兼與匪保持接觸，獲取情報。

（二）我軍狀況

1. 萬山群島駐有我方之游擊部隊，計有突擊第一、二、三縱隊及護漁縱隊，各縱之人數不等，總計約 2,000 餘人，分駐於南山衛以外各島嶼，並攜有機帆船、砲艇等十餘艘，經常活動與匪週旋。

2. 南山衛設有我海軍巡防處，轄各式砲艇八艘，經常配合大艦（含 DE、AM、LST 各型）擔任萬山群島附近海域之搜索警戒，並執行對珠江口之封鎖任務。

3. 我海軍陸戰隊約一個加強營之兵力分駐於南山衛及中心洲二島實施防衛措施。

（三）敵軍狀況

1. 當時分佈於珠江口沿岸及其附近島嶼之匪軍總數約二萬餘人，多屬匪四野林彪所部，卅九年四月以來積極徵集船隻，計有帆船、機帆船、砲艇、汽艇等 200 餘艘，並曾實施登陸演習。根據五月十六日之情報，駐牛山、石岐之匪曾禁其士兵外出並行封港，均為蠢動之象徵。

2. 當時匪海軍較劣勢，空軍尚無作戰能力。

三、我軍作戰指導

（一）五月廿五日前海軍僅有大艦四艘，計太和、中海駐泊南山
　　衛，永康駐三角山一帶警戒，永定艦負責大小萬山及銅澳
　　島之警戒。廿五日後復有營口、信陽二艦增防作戰，其餘
　　江秀、江定、高要及 25、26 號砲艇等均分駐於南山衛至
　　清洲之附近海面，另水上游擊部隊之砲艇數艘則分駐於萬
　　山島及馬尾洲一帶。

（二）海軍陸戰隊約有一加強營之兵力駐守南山衛及中心洲二
　　島，惟必要時得移駐於中字號艦機動待命。

（三）海軍補給機構、診療所及電台等均駐南山衛，必要時亦可
　　上艦待命。

四、作戰經過

（一）民國卅九年五月廿四日，匪獲悉我南山衛僅有少數軍艦駐
　　守，於是下令其四十四軍所屬之 131 師師長劉永源率所屬
　　官兵五千餘人，分乘艦船四十餘艘，於五月廿五日凌晨自
　　唐家灣集結出發，向我南山衛基地進犯。

（二）約五時許，匪「先鋒」號（即前叛變之高明艇）砲艇，領
　　先假冒我南山衛同型之高要艇，強行靠泊我警戒中之 25
　　號砲艇，匪於擊斃艇長林榮桂等三員後，擄去輪機上等兵
　　梁全、炊事兵梁啟明等五員。

（三）當 25 號砲艇被匪擄奪之際，停泊港內之 26 號砲艇即行駛
　　出增援，未幾與匪發生激戰，我艇中彈起火，旋即沉沒，
　　除艇長王福海等八員殉國外，尚有官兵四人負傷。

（四）自匪艇將我砲艇警戒線衝破後，匪「先鋒」、「桂山」
　　（即前叛變之聯榮艦）及其他數艇繼續向南山衛內港急

駛，當被我太和、中海等艦發現後，即行迎頭痛擊，匪艦「桂山」中彈起火，於0745衝向南山衛西南突出部之岙口強行登陸，是時遭我艦艇及陸戰隊熾盛火力之夾擊，匪傷亡慘重，至0920乃全部就逮，我艦太和、中海及陸戰隊亦微有傷亡。

（五）於匪艦進犯南山衛之同時，有匪艇二十餘艘裝載登陸部隊分向清洲、三角山及其他外圍島嶼進犯，永定艦於獲悉上項情報後即急往馳援，約八時許與太和、永康會合於九洲洋海面，當與匪艇展開激戰，約二小時許有匪「五〇九」號及其他砲艇多艘被我擊沉，其餘亦負創向牛山、石歧一帶潰退，但清洲及三角山兩島因無國軍駐守，致為匪漏過火網之登陸小艇所佔據。

（六）迄五月廿六日午後八時止，我南山衛已陷入被匪包圍之態勢，不得已乃奉令主動向外伶仃附近水域轉進，同時由永定、信陽、營口三艦組織之攻擊支隊衝駛九洲洋海面截擊匪支援艦艇及轟擊清洲、三角山一帶匪砲陣地，當予匪以重創，我營口艦亦略有損失。廿八日午後三時，於任務達成後奉令駛往外伶仃機動待命，本次戰役遂告結束。

五、戰鬥後狀況

（一）戰果統計

　　1.鹵獲

　　　（1）艦艇

　　　　　A.先後沉匪「桂山」、「五〇九」等砲艇八艘。

　　　　　B.重創匪艇約十餘艘。

（2）人員

A. 先後斃匪約二百餘人。

B. 俘匪一百八十九名。

（3）武器

各種輕重武器百數十件。

2. 損失

（1）艦艇

A. 沉砲艇一艘（26 號砲艇）。

B. 傷艦一艘（營口艦）。

（2）人員

A. 陣亡官兵共十五人（砲 26 艇八員，砲 25 艇二員，營口三員，太和一員，陸戰隊一員）。

B. 負傷官兵共四十四人（營口 24 員，中海四員，太和四員，砲 26 艇四員，陸戰隊八員）。

C. 被俘士兵五人（廿五號砲艇）。

（二）匪我傷亡對爾後戰局之影響

1. 匪於「桂山」等艦艇沉沒後不復再有大規模之強襲行動，代之而起者則為利用岸砲掩護實施逐島攻擊與偷渡而已。

2. 我軍損失固較匪軍為少，但以駐守兵力過於薄弱，無法防止匪艇之滲透，致若干外圍島嶼為匪所據，故最後結局仍為南山衛之忍痛撤守。

六、檢討

（一）有關匪軍者

1. 匪軍海上作戰方法之分析

（1）組織火力突擊隊擔任先頭攻擊任務。

（2）利用暗夜以「先鋒」號冒充我高要砲艇向我接近，實施奇襲及欺騙詭計。

（3）採逐島躍進戰法，迫我撤離。

2. 匪軍之招募及教育訓練

（1）員額招募：收容失業海軍約二百餘人，在漢口及廣州招募海員一百餘人，穗海事學校學生數十人，徵調各地陸軍砲手及司機三百餘人，迄卅九年五月間止，匪華南海軍官兵共約轄七百餘人。

（2）訓練方式：匪之訓練係以政工人員及其幹部為骨幹，以海事專校學生及上艦陸軍為血肉，對叛變及被迫使用之海軍官兵甚為懷疑輕視，僅利用其航海技術與經驗而已。

（3）訓練內容：政治方面為社會發展史、新民主主義、新人生觀以及毛匪之最近言論等。

（4）訓練成效：由於匪「桂山」艦之頑強抵抗，可知匪毒化教育及恐怖手段毒辣無比，使之人人自危，及該艦起火後未死官兵相率投誠，是足證其軍心極為搖動，一旦時機成熟必皆翻然反正也。

（二）有關我軍者

1. 優點

（1）自我總統於是年三月一日復行視事後，官兵士氣為之一振，就永定艦而言，前後與匪五度激戰，敵人彈落如雨，而我官兵皆安然自若，勇猛異常。

（2）本艦警覺性甚高，我永定艦原被指定擔任大小萬山及銅澳附近海面之警戒任務，於五月廿五日晨七時許，在太和、永康之通話中得悉有匪船進犯，我艦未奉指

令即行馳赴戰場增援，卒能把握機宜，會同太和、永康將匪艇擊沉數艘，餘均重創潰散。

（3）本人接管全般指揮業務後，奉命作機動部署（即將岸上人員裝備移至艦上），進可攻，退可守，迄南山衛轉進時止，我方部隊均無任何損失。

2. 缺點

（1）情報不夠確切敏捷，於匪軍進犯前各方資料過於籠統。

（2）部分艦艇警覺不夠，如 25 號砲艇遭匪艦奇襲等是。

（3）通信連絡不夠理想，如太和於廿五晨六時許遭受襲擊後，永定艦迄未奉到任何指令。

（4）自余奉令作機動部署後，部分艦艇未遵命令澈底執行警戒勤務，致南山衛及其外圍島嶼多為匪艇乘隙登陸。

（5）南山衛外圍島嶼游擊部隊力量薄弱，其分子複雜，戰志不堅。

（三）經驗教訓

1. 作戰前必須有週詳之計劃及準備方易獲取全勝，本次作戰若干計劃及準備尚嫌不足，故戰果不夠理想。

2. 匪控制部屬向以恐怖欺詐為其主要手段，故今後與匪作戰應先實施心戰，俾勝利成果更為豐碩。

3. 本次作戰以情報蒐集分析研判等不夠正確，致部分艦艇遭受損失，今後宜就此點力謀改進。

4. 匪軍對戰法研究不遺餘力，即如本次作戰，舉凡如何利用民船砲艇加裝武器，如何編隊航行，如何指揮登陸以及如何使用竹筏木片等渡海工作，皆係針對其需要而研究產生者，吾人今後對匪作戰亦應針對匪情發展而研究適宜之對策。

5. 匪軍本次作戰仍集中火力艦艇於部隊先頭，使起後續船團

能順利在南山衛附近小島登陸成功，此避實就虛之戰法應
為吾人所牢記與警惕者。

6. 匪軍本次作戰係利用暗夜奇襲，今後與匪作戰更應注意及
此，隨時防範。

7. 戰地政務之優劣影響戰局之勝敗至鉅，本次作戰因無是項
措施，致各島嶼民力無法控制，殊為憾事。

民國史料 93

海軍戡亂回憶錄（三）
海南保衛戰

Memoirs of Navy during Suppression of
the Communist Rebellion
Section III: Hainan Defense

編　　者　民國歷史文化學社編輯部
總 編 輯　陳新林、呂芳上
執行編輯　林弘毅
排　　版　溫心忻
助理編輯　詹鈞誌

出　　版　🛡 開源書局出版有限公司
　　　　　香港金鐘夏愨道 18 號海富中心
　　　　　1 座 26 樓 06 室
　　　　　TEL：+852-35860995

　　　　　✿ 民國歷史文化學社 有限公司
　　　　　10646 台北市大安區羅斯福路三段
　　　　　　　37 號 7 樓之 1
　　　　　TEL：+886-2-2369-6912
　　　　　FAX：+886-2-2369-6990

初版一刷　2024 年 7 月 31 日
定　　價　新台幣 420 元
　　　　　港　幣 115 元
　　　　　美　元　16 元
I S B N　978-626-7543-01-6
印　　刷　長達印刷有限公司
　　　　　台北市西園路二段 50 巷 4 弄 21 號
　　　　　TEL：+886-2-2304-0488

http://www.rchcs.com.tw

國家圖書館出版品預行編目 (CIP) 資料
海軍戡亂回憶錄 . 三 , 海南保衛戰 = Memoirs
of navy during suppression of the communist
rebellion section III : Hainan defense / 民國歷
史文化學社編輯部編 . -- 初版 . -- 臺北市 : 民國
歷史文化學社有限公司 , 2024.07

　　面；　公分 . -- (民國史料 ; 93)

ISBN 978-626-7543-01-6 (平裝)

1.CST: 國共內戰　2.CST: 海軍　3.CST: 戰役

628.62　　　　　　　　　　　　113010687